TERAPIA MANUAL
NAS DISFUNÇÕES DA
ATM

OUTROS TÍTULOS DE INTERESSE

Bizu o X da Questão – 2.500 Questões para Concursos de Fisioterapia

Atlas de Anatomia Radiográfica, 2ª ed.
Antônio Biasoli Jr.

Fisioterapia em Gerontologia
Patrícia Morsch
Gustavo Nunes Pereira

Epidemiologia e Bioestatística – Fundamentos para a Leitura Crítica
Petrônio Fagundes de Oliveira

Saúde do Idoso – Epidemiologia, Aspectos Nutricionais e Processos do Envelhecimento
Adelson Luiz Araújo Tinôco
Carla de Oliveira Barbosa Rosa

Saiba mais sobre estes e outros títulos em nosso site: www.rubio.com.br

TERAPIA MANUAL
NAS DISFUNÇÕES DA ATM

ORGANIZADORES
MARCELO TENREIRO | ROBSON SANTOS

Terapia Manual nas Disfunções da ATM – 2ª edição

Copyright © 2018 Editora Rubio Ltda.

ISBN 978-85-8411-088-9

1ª reimpressão, 2021

Todos os direitos reservados.
É expressamente proibida a reprodução
desta obra, no todo ou em parte,
sem autorização por escrito da Editora.

Produção
Equipe Rubio

Editoração Eletrônica
Elza Ramos

Capa
Thaissa Fonseca

Imagem de capa
©iStock.com / Eraxion

CIP-BRASIL. CATALOGAÇÃO NA PUBLICAÇÃO
SINDICATO NACIONAL DOS EDITORES DE LIVROS, RJ

S581t   Silva, Marcelo Tenreiro Jesus da
2. ed.   Terapia manual nas disfunções da ATM / Marcelo Tenreiro Jesus da Silva,
           Robson Silva dos Santos Jacintho. – 2. ed. – Rio de Janeiro: Rubio, 2018.
           200p. : il.; 24cm.

           Inclui bibliografia e índice
           ISBN 978-85-8411-088-9

           1. Articulação temporomandibular. 2. Articulação temporomandibular –
           Doenças – Fisioterapia. 3. Articulação temporomandibular –Tratamento. I. Jacintho,
           Robson Silva dos Santos. II.Título.

18-48656   CDD: 617.522
                                                          CDU: 616.716

Editora Rubio Ltda.
Av. Franklin Roosevelt, 194 s/l 204 – Castelo
20021-120 – Rio de Janeiro – RJ
Telefax: 55(21) 2262-3779 • 2262-1783
E-mail: rubio@rubio.com.br
www.rubio.com.br

Impresso no Brasil
Printed in Brazil

Organizadores

Marcelo Tenreiro Jesus da Silva

Fisioterapeuta graduado pela Faculdade de Reabilitação da Asce (Frasce), RJ.

Pós-graduado em Fisioterapia Traumato-ortopédica Funcional pela Universidade Castelo Branco (UCB), RJ.

Pós-graduado em Quiropraxia pela Frasce, RJ.

Ex-coordenador do curso de pós-graduação em Fisioterapia nas Disfunções da Coluna Vertebral e Temporomandibulares da empresa Fisicursos, com chancela da Universidade Paulista (Unip).

Professor convidado dos programas de pós-graduação de Cirurgia Bucomaxilofacial, Implantodontia e Prótese Dentária da Faculdade de Odontologia de Valença (FAA) e de Ortodontia da Associação Brasileira de Odontologia (ABO – regional Valença), RJ.

Professor das disciplinas de Fisioterapia nas Disfunções da Articulação Temporomandibular (ATM) e Quiropraxia dos programas de pós-graduação de Quiropraxia e Fisioterapia Traumato-ortopédica da Frasce; do Instituto Flor de Lótus, com chancela da Universidade Gama Filho (UGF), RJ; da Universidade Iguaçu (Unig), RJ, da Fisicursos, com chancela da Unip; e da UCB.

Professor titular de Quiropraxia da empresa educacional Bwizer, Portugal.

Oficial Fisioterapeuta (RM2) da Marinha do Brasil.

Fisioterapeuta das Prefeituras de Valença-RJ e de Magé-RJ.

Ex-fisioterapeuta do Centro de Deformidades Faciais de Valença e do Instituto Nacional do Câncer (Inca), RJ.

Robson Santos

Fisioterapeuta graduado pela Faculdade de Reabilitação da Asce (Frasce), RJ.

Pós-graduado em Fisioterapia nas Disfunções Vertebrais e Craniomandibulares pelo Cedda, SP.

Curso de Biomecânica e Fisiopatologia Temporomandibular Professor Mariano Rocabado – Cedime, Chile.

Oficial Fisioterapeuta do Exército Brasileiro, responsável pelo setor de Fisioterapia nas Disfunções Cervicocraniomandibulares.

Fisioterapeuta Ex-chefe do setor de Disfunção Temporomandibular da Clínica Portugal, RJ.

Curso de aprimoramento em RPG/RPM pela Ibrafa, RJ.

Curso de Perícia Judicial para Fisioterapeutas pela Veronesi – Ibrafa, SP.

Curso de Aprimoramento Kinesio Tapping (KTAI).

Colaboradores

Hermínio Marcos Teixeira Gonçalves

Graduado em Fisioterapia pelas Faculdades Integradas (Fisa) da Fundação Municipal de Educação e Cultura (Funec) de Santa Fé do Sul, SP.

Especialista (pós-graduação) em Fisiologia do Exercício pela Imbrape/Funec, em Terapia Manual e Postural pelo Centro Universitário de Maringá (Cesumar, PR) e em Terapia Manual e Técnicas Osteopáticas pela Universidade do Norte do Paraná/Faculdade de Educação Física e Fisioterapia de Jacarezinho (Uenp/Faefija).

Formação Internacional em Terapia Manual e Postural pela Escola de Terapia Manual e Postural/Orthopaedic Medicine International (ETMP/OMI), PR.

Formação em Terapia Manual Global e Analítica pelo Instituto Docusse de Osteopatia e Terapia Manual (IDOT), RJ.

Professor de Reabilitação Vestibular do Centro Científico Cultural Brasileiro de Fisioterapia (CBF), SP/RJ.

Ministrante de diversos cursos e palestras sobre Terapia Manual, Osteopatia e Reabilitação Vestibular.

Itana Lisane Spinato

Graduação em Fisioterapia pela Universidade de Fortaleza (Unifor).

Mestrado em Educação em Saúde pela Unifor.

Especialização em Reeducação Postural Sensoperseptiva pela Escola Brasileira de Osteopatia e Terapia Manual, BH.

Professora adjunta da graduação e Coordenadora da Pós-graduação em Traumato-ortopedia com ênfase em Terapia Manual do Centro Universitário Estácio do Ceará.

Formação completa de Reeducação Postural Global (RPG Souchard) pelo Instituto Felipe Souchard, RJ.

Coordenadora do Projeto de Responsabilidade Social em Fisioterapia Bucomaxilofacial do Centro Universitário Estácio do Ceará.

Dedicatória

Dedico este trabalho a toda a minha família e, em especial, a minha filha Ana Carolina e aos meus amigos e pacientes que sempre estiveram ao meu lado encorajando-me e inspirando-me a concluir esta obra.

Marcelo Tenreiro

À minha mãe Maria Marli, que sempre acreditou em mim e me fez acreditar que sempre é possível.

A meu pai João Ronaldo, que está sempre presente em meu dia a dia.

À minha tia Maria Ilma, escritora e poetisa, que sempre acompanhou de perto minha trajetória.

À minha esposa Andréa Dantas, que me deu total apoio e incentivo para que eu pudesse me dedicar a este livro.

A meu irmão, Roberto, que também acompanha minha vida cotidiana.

Às minhas avós Jovenilha (*in memoriam*) e Deusdete.

Robson Santos

Agradecimentos

Agradeço como sempre, em primeiro lugar, a Deus, que nos mostra dia após dia a razão de viver e a meus pais Gilberto e Marly, à minha Tia Yvone, à Grayce e à Ana Carolina, que são permanentes incentivadores dos meus projetos e que me deram força de forma incondicional para que realizasse mais este sonho.

Marcelo Tenreiro

Agradeço primeiramente a Deus, pois tem me sustentado e me permitiu concluir mais esta obra. A ele, toda honra, toda glória e louvor. Meu muito obrigado também a todos os meus pacientes que confiam o tratamento a mim. Juntos, buscamos sempre a cura ou uma melhor qualidade de vida. Eles fazem eu ter a certeza de que fiz a escolha certa em 2004 e 2005, anos estes em que decidi a área em que iria me especializar. Então, iniciei e terminei minha especialização em Fisioterapia nas Disfunções Vertebrais e Craniomandibulares. Agradeço a todos os amigos e colegas médicos e dentistas pela parceria e pela confiança, que me ajudaram nessa conquista. Mais uma vez, sou bastante grato à minha mãe Maria Marli, a quem amo muito, e à minha esposa Andréa, pois seu apoio foi fundamental para a concretização deste trabalho.

Robson Santos

Apresentação

O livro *Terapia Manual nas Disfunções da ATM – 2ª edição*, é uma obra baseada no anseio de fisioterapeutas e demais profissionais de saúde que se dedicam ao tratamento e ao estudo das disfunções cervicocraniomandibulares e buscam um material de leitura fácil e objetiva, esclarecendo de modo simples quais são as técnicas de terapia manual articulares e miofasciais mais utilizadas nesta disfunção articular e nos pós-operatórios de cirurgias ortognáticas, suas bases científicas, seus efeitos terapêuticos e suas repercussões corpóreas globais.

O livro inicia-se com uma sucinta revisão da anatomia da ATM, abordando a miologia, a osteologia e a inervação dessa região, assim como os conceitos profundos de biomecânica craniocervical e temporomandibular, que contribuirão sobremaneira para o entendimento dos vários protocolos de terapia manual e cinesioterápicos elucidados nesta obra. O leitor ainda terá a oportunidade de entender a fisiopatologia e a etiologia, além de todo o quadro clínico dessa disfunção, bem como os efeitos que ela pode provocar sobre o organismo e que o organismo pode provocar sobre ela. Vale lembrar que alterações posturais, em particular as cervicais, têm um papel significativo sobre as algias temporomandibulares e vice-versa.

Após um elaborado conteúdo que treina o leitor a avaliar a disfunção e suas repercussões sobre o corpo, damos início, ao longo de quatro capítulos, ao ensino minucioso das diversas técnicas manuais articulares na ATM e cervical, técnicas miofasciais e cranianas e uma breve ideia de quais recursos eletrotermofototerápicos podemos utilizar para auxiliar o tratamento.

Creio que um grande diferencial desta edição em comparação com a anterior esteja no último capítulo, que elucida o protocolo fisioterapêutico com ênfase em terapia manual nos pós-operatórios de cirurgias ortognáticas, o qual é detalhado passo a passo, desde do pré-operatório e o pós-operatório imediato, em que o paciente ainda encontra-se imobilizado até à sua recuperação funcional completa, que pode durar dias ou até mesmo meses.

Em resumo, para tratar as disfunções cervicocraniomandibulares e o pós-operatório de cirurgias ortognáticas, devemos optar por técnicas que apresentem melhores resultados clínicos, tanto no sentido do alívio sintomatológico quanto no de recuperação funcional e que estejam embasadas em conhecimentos científicos, grande vivência prática e mínimos riscos ao paciente. Portanto, o leitor deste livro terá a oportunidade de aprender vários protocolos de terapia manual que seguem tais requisitos e foram criados com base nos conhecimentos profundo da anatomia e da biomecânica da articulação temporomandibular e craniovertebral, aliados a uma grande vivencia prática tanto dos autores quanto de seus colaboradores.

Marcelo Tenreiro

Prefácio

Há alguns anos tive a honra de prefaciar a primeira edição do livro *Terapia Manual nas Disfunções da ATM*, de autoria dos talentosos professores Marcelo Tenreiro e Robson Santos. Não surpreso, recebi a notícia de que a obra estava esgotada e que se fez necessário o lançamento da segunda edição. A obra se tornou referência e tem inspirado uma geração de profissionais da Saúde que trabalham com disfunções temporomandibulares.

Os autores ganharam o Brasil e o mundo e são referências, já que o livro é citado em centenas de artigos da área Mundo afora.

Fico feliz com o convite para escrever o prefácio desta segunda edição que, com as atualizações e os acréscimos propostos pelos autores e o crescimento profissional deles, tem tudo para ser ainda mais grandiosa.

Nesta segunda edição, a obra conta com nove capítulos que, com didática simples e direta, apresenta de maneira clara as abordagens principais nas DTMs.

Por fim, não poderia deixar de agradecer por, de certo modo, participar deste importante legado para a ciência da saúde.

Fabricio Le Draper Vieira
Doutor em Ciências Médicas pela Universidade do Estado
do Rio de Janeiro (Uerj).
Mestre e Especialista em Cirurgia e Traumatologia Bucomaxilofacial – UCCB-SP.
Professor adjunto da Universidade Severino Sombra (USS), Vassouras – RJ.
Coordenador da Especialização em Implantodontia
do Centro de Estudos Valenciano de Odontologia (Cevo), RJ.

Sumário

1 Anatomia Funcional e Biomecânica da Articulação Temporomandibular 1
 Introdução..1
 Osteologia...2
 Vascularização e Inervação 5
 Músculos da Mastigação 6
 Biomecânica da ATM..11

2 Relação da Coluna Cervical com a Articulação Temporomandibular 15
 Introdução..15
 Musculatura Cervical 16
 Influência da Má Postura Cervical e Global na ATM..22

3 Disfunções da Articulação Temporomandibular...31
 Introdução..31
 Etiologia...32
 Fisiopatologia...34
 Epidemiologia 34
 Sintomatologia...34
 Tipos de Disfunções da Articulação Temporomandibular....................................35
 Respiração *Versus* ATM 41
 Relação do Controle Motor com a ATM 42

4 Avaliação das Disfunções Cervicocraniomandibulares 43
 Introdução..43
 Anamnese 44
 Exame Físico...44
 Avaliação Ocular 60

5 Tratamento do Complexo Craniovertebral 61
 Introdução..61
 Tratamento do Complexo Craniovertebral por Meio da Terapia Manual 62

6 Tratamento Miofascial nas Disfunções Cervicocraniomandibulares 73
    Introdução 73
    Principais Técnicas de Tratamento Miofascial 74
    Tratamento Miofascial dos Músculos da Mastigação 75
    Tratamento Miofascial de Músculos Faciais 88
    Tratamento Miofascial dos Músculos Cervicais e da Cintura Escapular 93
    Alongamento dos Músculos Cervicais Anteriores com Protrusão Mandibular Associada 99
    Mobilização do Osso Hioide e Liberação Miofascial de Seus Músculos 100
    Uso da Bandagem Funcional Complementar no Tratamento das DTMs 100

7 Tratamento do Complexo Temporomandibular 107
    Introdução 107
    Técnicas Manuais Articulares na ATM 108

8 Terapia Craniana nas Disfunções da Articulação Temporomandibular 119
    Introdução 119
    Movimento Respiratório Primário (MRP) 122
    Resumo da Anatomia Craniana 123
    Biomecânica da Mandíbula durante o Movimento Respiratório Primário 124
    Avaliação Craniana Específica 125
    Noções do Tratamento 125
    Mecânica Craniana *Versus* Alterações da Articulação Temporomandibular 125

9 Fisioterapia com Ênfase em Terapia Manual nos Pós-operatórios
    de Cirurgias Ortognáticas 129
    Introdução 129
    Abordagem Fisioterapêutica no Pré-operatório das Cirurgias Ortognáticas 130
    Protocolo de Atendimento Fisioterapêutico no Pós-operatório das Cirurgias Ortognáticas 131

    Referências 149

    Índice 155

1
Anatomia Funcional e Biomecânica da Articulação Temporomandibular

📖 Tópicos Abordados

- ✓ Osteologia específica.
- ✓ Anatomia do disco articular.
- ✓ Superfícies articulares.
- ✓ Inervação e vascularização.
- ✓ Principais ligamentos.
- ✓ Miologia específica.
- ✓ Biomecânica específica da ATM.

Introdução

Este capítulo tem como objetivo transmitir de maneira objetiva conhecimentos de anatomia e biomecânica da articulação temporomandibular (ATM) que serão extremamente importantes para a elaboração de um programa bem-sucedido de terapia manual.

Abordaremos os principais músculos, ligamentos, ossos, nervos e vasos que atuam na ATM e a complexa biomecânica desta articulação, que se diferencia, em muitos aspectos, das demais articulações do corpo. Isso porque apresenta aspectos morfológicos e funcionais únicos e faz parte de um importante sistema que é primariamente responsável pela mastigação, pela deglutição e pela fala, além de estar intimamente associado à respiração e à estética e à expressão facial, ou seja, o sistema estomatognático. Assim, exige do profissional habilitado a tratar das disfunções da ATM aprofundar-se na vasta literatura deste assunto. Por isso, oriento o leitor interessado a observar a lista de referências bibliográficas contidas ao final do livro.

Seguiremos didaticamente uma ordem, iniciando com o estudo da osteologia, do disco articular, das superfícies articulares, da inervação e vascularização e, em seguida, dos principais ligamentos e músculos que atuam sobre a ATM, encerrando com a descrição da biomecânica, quando abordaremos as interessantes cinemática mandibular e artrocinemática dessa articulação.

Osteologia

Os ossos que compõem a ATM são a mandíbula, que é a parte móvel da articulação, e o temporal fixado no crânio. A mandíbula, que tem a forma de "U", é o único osso móvel do crânio e sustenta os dentes inferiores. Ela se divide em corpo da mandíbula e ramo da mandíbula e apresenta acidentes ósseos importantes, pois são pontos de origem e inserção de tecidos moles fundamentais para a biomecânica temporomandibular, como o ângulo da mandíbula, o processo condilar (cabeça da mandíbula) e o processo coronoide.

O osso temporal é dividido em três partes: escamosa, timpânica e petrosa. Ao longo da margem inferior da parte escamosa, encontra-se o processo zigomático, onde posteriormente e ao longo de sua margem inferior surge a fossa mandibular ou glenoide; logo anteriormente a ela, encontra-se uma protuberância óssea denominada tubérculo ou eminência articular. A fossa mandibular, junto com a eminência articular e o côndilo, irão formar as superfícies articulares da ATM (Figura 1.1).

Outro osso que deve ser abordado no estudo da ATM é a maxila, a qual é fixada no crânio e representa a porção estacionária do sistema mastigatório. Nela, em sua parte inferior, formam-se o palato e o assoalho da cavidade nasal.

O processo condilar articula-se com a fossa mandibular e a eminência articular, e, alojado entre eles, encontramos um disco articular (Figura 1.2). Durante a abertura da boca, o processo condilar, o qual tem forma convexa, articula-se com a eminência articular, também convexa, o que dificulta a adaptação das superfícies articulares. Diante deste fato, a presença do disco articular, que tem formato bicôncavo, é de suma importância para a recíproca adaptação dessas superfícies.

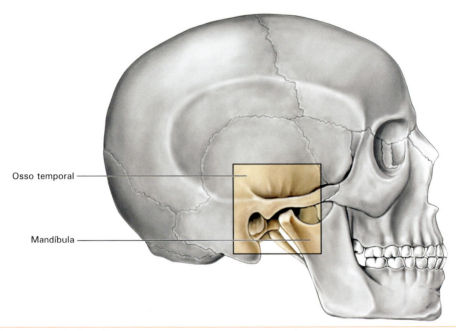

◀ **Figura 1.1** Crânio de perfil

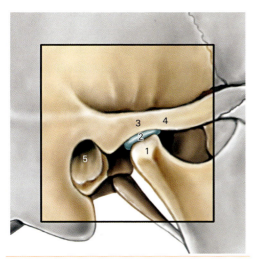

▼ **Figura 1.2** Acidentes ósseos da ATM. Côndilo da mandíbula (**1**). Disco articular (**2**). Fossa articular (**3**). Eminência articular (**4**). Ducto auditivo (**5**)

Morfologia do Disco Articular

O disco articular (Figura 1.3) é uma estrutura bicôncava oval cuja parte central é mais fina, denominada zona intermediária. Já suas bordas ou bandas anteriores e posteriores são mais espessas, o que confere a este disco formato semelhante a uma "gravata-borboleta". Tal formato permite que sua região central se articule perfeitamente na sua porção inferior com o côndilo, e na porção superior com a eminência articular do temporal, contribuindo para a estabilidade dessa articulação. Além disso, o disco também é responsável por dividir a cavidade articular em dois compartimentos distintos (Figura 1.4), sendo um superior (complexo temporodiscal), formado entre o disco e a eminência articular, e outro inferior, entre o côndilo e o disco (complexo condilodiscal). No compartimento inferior, verifica-se a prevalência de movimentos de rotação, enquanto no superior predominam movimentos do tipo deslizamento ou translação.

O disco articular é composto de tecido conjuntivo denso fibroso e proteoglicanos cartilaginoides, sem nervos e vasos sanguíneos, e tem a capacidade de absorver choques de diversas forças que atuam na ATM durante atividades funcionais e parafuncionais. Isso também demonstra o importante papel que essa estrutura representa na proteção das superfícies articulares.

Superfícies Articulares e Cápsula Articular

As superfícies articulares da fossa mandibular e do côndilo são revestidas com tecido conjuntivo denso fibroso, em vez de cartilagem hialina, como na maioria das articulações. Esse tipo de revestimento é menos suscetível ao envelhecimento e apresenta menos desgastes e maior capacidade de regeneração, sendo perfeito para tal articulação, já que esta é excessivamente solicitada, chegando a realizar, em média, 1.500 a 2.000 movimentos diários.

A cápsula articular, também formada por tecido conjuntivo denso fibroso, é unida na parte superior ao osso temporal e na parte inferior ao côndilo, mais precisamente em uma região denominada colo do côndilo (Figura 1.5). Internamente, ela é revestida por membrana sinovial, que secreta e confina o fluido sinovial. Esta, por sua vez, é responsável por prover suprimento nutricional e metabólico para a ATM.

Além da lubrificação das superfícies articulares, outra função da cápsula é proteger a articulação, resistindo a qualquer força mediana, lateral ou inferior que tende a separar e deslocar as superfícies articulares.

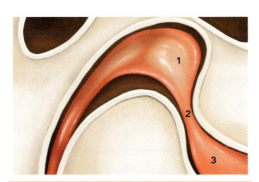

▼ **Figura 1.3** Disco articular. Banda posterior (**1**). Zona intermediária (**2**). Banda anterior (**3**)

4 Terapia Manual nas Disfunções da ATM

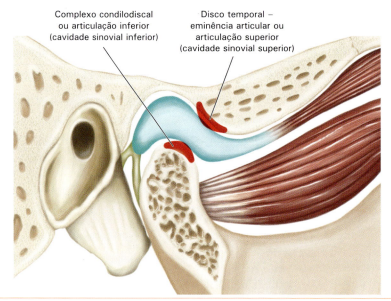

Figura 1.4 Compartimentos superior e inferior

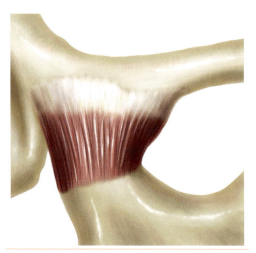

Figura 1.5 Cápsula articular

Principais Ligamentos

Ligamento temporomandibular

Apresenta uma porção externa oblíqua e outra porção interna horizontal. A porção externa parte da superfície exterior do tubérculo articular e do processo zigomático inferiorposterior até a superfície externa do côndilo. Enquanto isso, a porção interna parte da superfície externa do processo zigomático, horizontal e posteriormente, até o polo lateral do côndilo e a parte posterior do disco articular (Figura 1.6). Esse ligamento, em sua porção oblíqua, tem como finalidade impedir a queda excessiva do côndilo e, dessa maneira, limitar a extensão da abertura da boca. Já a sua porção interna horizontal limita o movimento posterior do côndilo e do disco, além de proteger o músculo pterigóideo lateral contra distensões. Outra finalidade desse ligamento é proteger os tecidos retrodiscais do traumatismo causado pelo deslocamento posterior do côndilo, que frequentemente lesiona esses tecidos.

Ligamentos posteriores, tecidos retrodiscais ou zona bilaminar

Os ligamentos posteriores são formados por tecido conjuntivo especializado e ocupam o espaço entre o disco e a parede posterior da cápsula articular (Figura 1.7). Esses ligamentos são formados por duas lâminas de tecido conectivo denso: uma superior e outra inferior (zona bilaminar). A porção superior é rica em elastina e liga-se desde o

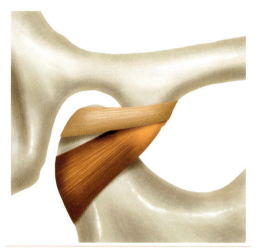

▼ **Figura 1.6** Ligamento temporomandibular

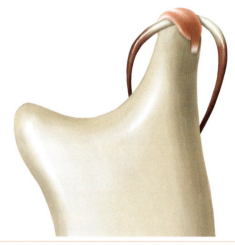

▼ **Figura 1.8** Ligamentos colaterais

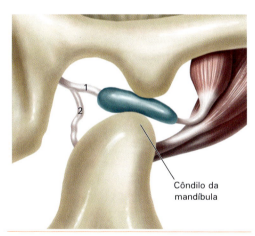

▼ **Figura 1.7** Zona bilaminar (boca aberta). Lâmina retrodiscal superior (**1**). Lâmina retrodiscal inferior (**2**)

disco articular até a fissura petrotimpânica, sendo esta porção a única estrutura capaz de tracionar o disco posteriormente. Já a porção inferior é rica em fibras colágenas e liga-se desde a banda posterior até a margem posterior da superfície articular do côndilo, tendo como ação limitar a rotação para a frente do disco sobre o côndilo.

Ligamentos colaterais

Os ligamentos colaterais (Figura 1.8) são ligamentos intracapsulares, sendo um medial e outro lateral. Eles se originam no disco e se inserem no processo condilar, tendo como função estabilizar o disco sobre o processo condilar durante os movimentos de rotação e translação do côndilo.

Ligamentos acessórios

Têm como função auxiliar os demais ligamentos, aumentando a estabilidade e a eficiência da ATM. São eles (Figura 1.9):

- **Ligamento estilomandibular**: origina-se no processo estiloide e insere-se na superfície medial da mandíbula, próximo ao ângulo, tendo como principal função limitar a protrusão excessiva.

- **Ligamento esfenomandibular**: origina-se na espinha do esfenoide e insere-se na borda medial do ramo da mandíbula, servindo como suspensório desta durante o movimento de abertura e entrando em ação a partir do relaxamento do ligamento temporomandibular.

🔥 Vascularização e Inervação

Os principais suprimentos vasculares para a ATM, os músculos da mastigação e os tecidos moles adjacentes, provêm do sistema arterial da carótida externa. Esta se divide em artéria maxilar e

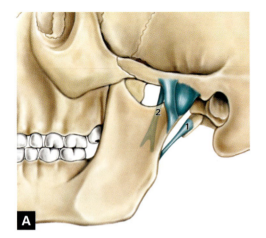

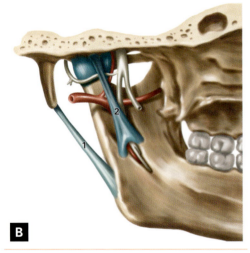

◤ **Figura 1.9** (**A** e **B**) Ligamentos acessórios. Ligamento estilomandibular (**1**). Ligamento esfenomandibular (**2**)

temporal superficial, com a artéria maxilar e suas ramificações suprindo a maxila, a mandíbula, os dentes e os músculos da mastigação. Enquanto isso, a artéria temporal superficial supre o couro cabeludo e o osso temporal (Figura 1.10).

No que se refere à inervação, os nervos cranianos V e VII são responsáveis pelos músculos da mastigação e da expressão facial. Portanto, traumatismos, infecções e doenças desmielinizantes podem provocar alterações significativas no sistema estomatognático, alterando diretamente a biomecânica temporomandibular.

A inervação, tanto sensorial quanto eferente (motora) da ATM e das áreas adjacentes, é promovida pela divisão mandibular do nervo trigêmeo (V) (Figura 1.11). O nervo auriculotemporal, junto com algumas fibras dos nervos massetérico e temporal profundo, é responsável pela inervação sensorial da ATM. Já os músculos da mastigação, o ventre anterior do digástrico e o milo-hióideo recebem suprimento eferente e aferente da mesma divisão mandibular.

O digástrico posterior e os músculos da expressão facial recebem inervação do nervo facial (VII).

◣ Músculos da Mastigação

Masseter

Este músculo, de formato retangular (Figura 1.12), extremamente forte e potente, tem origem no arco zigomático e insere-se na borda inferior da mandíbula, na altura do segundo molar até o ângulo da mandíbula. Ele se divide em duas porções: uma externa ou superficial mais anterior, contendo fibras em sentido para baixo e para trás (oblíquo), e outra porção interna ou profunda, mais posterior, com fibras dirigidas verticalmente.

A função primária deste músculo é elevar a mandíbula, onde sua porção superficial auxilia também na sua protrusão, estabilizando o côndilo contra o tubérculo articular. Tal músculo é inervado pelo nervo massetérico e irrigado pela artéria maxilar.

Temporal

É um músculo em formato de "leque" que tem origem na fossa temporal e na superfície lateral do crânio, inserindo-se com um grande tendão no processo coronoide e na borda anterior do ramo ascendente. Divide-se em três porções: uma anterior, com fibras quase verticais; outra média, com fibras oblíquas; e outra posterior, com fibras horizontais (Figura 1.13).

Anatomia Funcional e Biomecânica da Articulação Temporomandibular 7

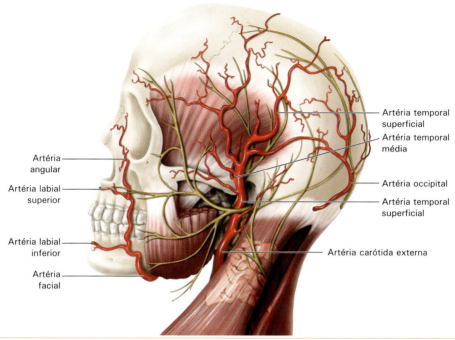

▼ **Figura 1.10** Demonstração da inervação e vascularização da face

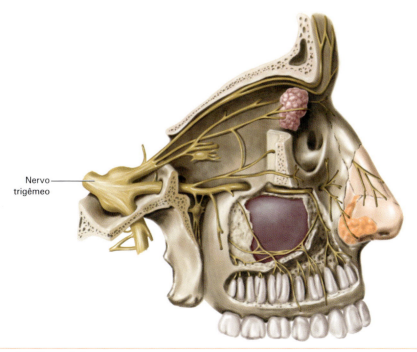

▼ **Figura 1.11** Nervo trigêmeo

8 Terapia Manual nas Disfunções da ATM

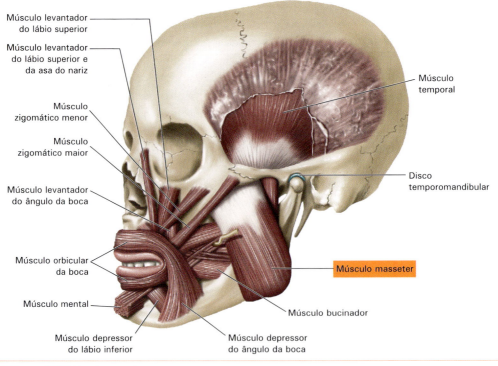

▼ **Figura 1.12** Músculo masseter

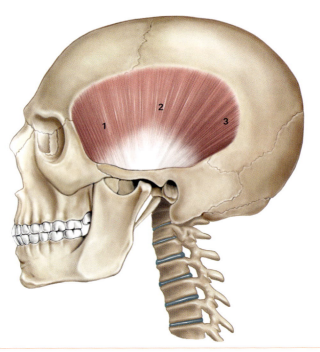

▼ **Figura 1.13** Músculo temporal. Porção anterior (**1**). Porção média (**2**). Porção posterior (**3**)

Sua função primária é realizar a elevação da mandíbula. Quando apenas a porção anterior é ativada, ocorre a elevação da mandíbula, enquanto na contração das porções média e posterior ocorre elevação com retrusão da mandíbula.

Esse músculo é inervado pelo ramo mandibular do trigêmeo, sendo irrigado pela artéria temporal superficial.

Pterigóideo Medial

É um músculo de força, com fibras curtas e trançadas, que tem origem na fossa pterigóidea do esfenoide e se insere na superfície interna do ângulo da mandíbula. Tem como principal função a elevação da mandíbula, auxiliando também na sua protrusão, junto com o masseter, já que forma um suspensório muscular que a sustenta na altura do ângulo. É inervado pelo nervo pterigóideo medial (ramo mandibular do trigêmeo), além de ser irrigado pela artéria maxilar.

Pterigóideo Lateral

Este músculo é dividido em duas cabeças: superior e inferior (Figura 1.14). Assim, mostra-se extremamente interessante no que tange à sua ação.

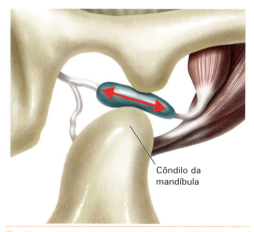

▼ **Figura 1.14** Pterigóideo medial e pterigóideo lateral

Sua porção inferior tem origem na superfície externa da placa lateral pterigóidea do esfenoide e se insere no côndilo, tendo como função, quando se contrai bilateralmente, realizar a protrusão da mandíbula, e, quando se contrai unilateralmente, executar o movimento lateral da mandíbula para o lado oposto (mediotrusivo). Atua também com os depressores, abaixando a mandíbula e colaborando para o deslizamento dos côndilos para a frente e para baixo.

A porção superior é menor que a inferior e origina-se na face infratemporal da asa maior do esfenoide, estendendo-se para trás e para fora, a fim de inserir-se na face anterior da cápsula e do disco e no colo do côndilo. Tem como função atuar em conjunto com os músculos elevadores, principalmente quando há resistência muscular e quando os dentes são mantidos fechados durante a mastigação. Outra característica da porção superior, quando ativa, é empurrar o disco anterior e medialmente.

As duas porções desse músculo apresentam ações distintas, o que o torna curiosamente "antagonista de si próprio" (em alguns momentos). Durante a protrusão, por exemplo, a cabeça inferior do pterigóideo lateral fica ativa, enquanto a superior relaxa.

Outra particularidade desse músculo: ao mordermos um alimento duro, exercemos força de resistência para fechar a mandíbula; logo, o côndilo vai para a frente, e o espaço do disco aumenta, gerando tensão na lâmina retrodiscal superior. Ao tentar retrair o disco na posição funcional para equilibrar as forças de tração, o pterigóideo lateral superior fica ativo, rotacionando o disco no sentido anterior; nesse momento, então, forma-se uma espécie de "cabo de guerra" entre a lâmina retrodiscal superior e a porção superior do pterigóideo lateral (Figura 1.15), fato de grande importância para a estabilidade articular da ATM.

Esse músculo é inervado pelo nervo pterigóideo lateral e irrigado pela artéria maxilar.

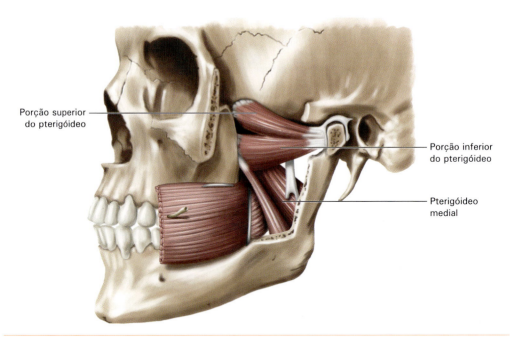

▼ **Figura 1.15** "Cabo de guerra" entre a porção superior do pterigóideo lateral e a lâmina retrodiscal superior

Supra-hióideos e Infra-hióideos

Esses dois grupamentos musculares são importantes músculos para a coordenação mandibular. De maneira geral, o grupo dos infra-hióideos corresponde aos músculos localizados entre o osso hioide, a clavícula e o esterno. Enquanto isso, os supra-hióideos ficam localizados entre a mandíbula e o osso hioide.

Os músculos supra-hióideos (Figura 1.16) são o digástrico, o estilo-hióideo, o milo-hióideo e o gênio-hióideo. Esse grupamento muscular é responsável pelo abaixamento e pela retrusão da mandíbula, e, quando esta se estabiliza, esses músculos elevam o osso hioide, auxiliando na deglutição. Os infra-hióideos, ou músculos em alça, cobrem a frente e os lados da laringe, da traqueia e da tireoide e atuam em sinergia com os supra-hióideos, estabilizando o osso hioide, propiciando, assim, uma base estável para os movimentos da mandíbula e da língua. São eles: tireoide-hioide, externo-hioide, omo-hioide e externo-tireoide.

Músculos Auxiliares do Sistema Mastigatório

Os músculos cervicais, por desempenharem um importante papel no equilíbrio do crânio sobre a cervical, devem ser abordados, já que desarmonias da postura da cabeça fatalmente irão promover desarmonia da postura mandibular, podendo, muitas vezes, ser a causa da disfunção da ATM.

Alguns músculos cervicais são de suma importância no equilíbrio craniovertebral, como o esternocleidomastóideo (ECM), o escaleno, o trapézio, o esplênio da cabeça, o levantador da escápula e os músculos localizados anteriormente à cervical, como o longo do pescoço e da cabeça.

No Capítulo 2, *Relação da Coluna Cervical com a Articulação Temporomandibular*, abordaremos com mais precisão a íntima relação da cervical com a ATM e a anatomia desses músculos.

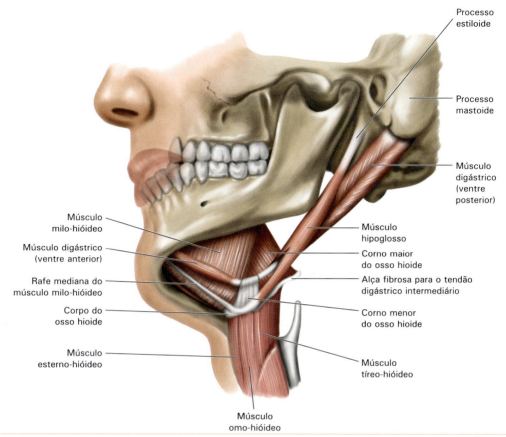

▼ **Figura 1.16** Músculos infra- e supra-hióideos

Biomecânica da ATM

A ATM, por realizar um movimento de dobradiça em um só plano, pode ser considerada uma articulação ginglemoidal; no entanto, concomitantemente, ela também realiza movimentos de deslize, o que a classifica como uma articulação artroidal. Dessa maneira, a ATM pode ser classificada tecnicamente como uma articulação ginglemoartroidal, já que executa movimentos tanto de rotação quanto de translação.

Inicialmente, nos primeiros 20 a 25mm de abertura bucal, ocorre um movimento de rotação entre o côndilo e o disco, ou mais precisamente na articulação inferior já citada anteriormente. Com o progredir da abertura, inicia-se um movimento de translação ou deslizamento do disco sobre a eminência articular, ou seja, na articulação superior. Nesse momento, ocorre o abaixamento da mandíbula, e todos os ligamentos entram em ação, com o objetivo de manter a estabilidade articular. A extensão máxima de abaixamento mandibular é, em média, de 50mm; porém, o limite funcional de abertura da ATM é, de no máximo, 40mm, já que aberturas maiores promovem estiramentos de mais de 70% do total de comprimento do tecido conectivo, podendo criar lesões neste tecido.

A estabilidade da articulação é mantida pela atividade constante dos músculos que a cruzam, principalmente a dos elevadores, que mesmo em repouso apresentam uma discreta contração (tônus), e pela ação das outras estruturas anatômicas, como o disco e os tecidos conectivos (cápsula e ligamentos).

O masseter, junto com o temporal e o pterigóideo medial, forma uma "alça" de sustentação da mandíbula, a qual durante o fechamento entra em ação elevando a mandíbula e que durante a abertura relaxa, permitindo um movimento de giro do disco com o côndilo. Em seguida, com o continuar da abertura, um movimento de deslize ocorre pela ação do pterigóideo lateral inferior que traciona a mandíbula em sentido anterior e inferior, como já citado.

Os movimentos mandibulares podem ser complexos, envolvendo rotação e translação em cada ATM, com várias combinações de atividade muscular. Os movimentos voluntários da mandíbula envolvem abertura, fechamento, retrusão, protrusão e lateralidade (Figura 1.17). A abertura é alcançada pela contração bilateral dos pterigóideos laterais inferiores, com o auxílio do digástrico anterior e do milo-hióideo internamente em cada ATM; nesse momento, o complexo condilodiscal vai para baixo da eminência articular, estirando a lâmina retrodiscal superior e assim posteriorizando o disco sobre o côndilo. A mandíbula trabalha em cadeia cinética aberta, onde o crânio é o ponto fixo e ela é o ponto móvel, porém, no momento da deglutição, o crânio e a mandíbula transformam-se em uma só estrutura.

O fechamento no sentido vertical é promovido pela contração bilateral do masseter, do temporal e do pterigóideo medial, simultaneamente à contração do pterigóideo lateral superior, estabilizando o complexo condilodiscal.

A protrusão é alcançada pela contração bilateral dos pterigóideos laterais. Já a retrusão é alcançada com a contração das fibras posteriores

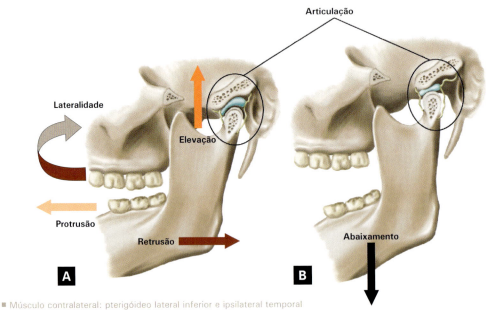

- Músculo contralateral: pterigóideo lateral inferior e ipsilateral temporal
- Músculos temporal e digástrico
- Músculos masseter, pterigóideos lateral e medial
- Músculos pterigoideo lateral inferior, infra- e supra-hióideos
- Músculos masseter, temporal, pterigóideo medial e pterigóideo lateral superior

◀ **Figura 1.17** (**A** e **B**) Resumo da ação muscular e dos movimentos articulares. Mandíbula levemente aberta (**A**). Mandíbula amplamente aberta (**B**).

e médias do temporal, com o auxílio dos supra-hióideos e das fibras profundas do masseter. O movimento de lateralidade é executado em combinação com uma excursão protrusiva, produzindo um movimento em direção anterolateral.

Para entendermos mais facilmente os movimentos de lateralidade, devemos denominar o lado para o qual a ATM se move, "lado de trabalho"; e o lado de onde partiu o movimento, "lado de balanceio". Do lado de trabalho, ocorre a contração das fibras mediais e posteriores do temporal. Já do lado de balanceio, ocorre a contração do pterigóideo lateral inferior. Internamente, na ATM, verificamos do lado de trabalho um movimento do côndilo nos sentidos posterior e superior, enquanto, do lado de balanceio, o côndilo assume uma posição anterior e inferior (Figura 1.18).

Um ponto importante da biomecânica é que a mandíbula trabalha em cadeia cinética aberta, em que o crânio é o ponto fixo e ela é o ponto móvel, durante a mastigação e a fonação, porém no momento da deglutição a mandíbula trabalha em cadeia cinética fechada, já que ela e o crânio transformam-se em uma só estrutura que junto com a contração dos músculos mastigatórios e dos músculos cervicais anteriores em sinergia com os posteriores, associados a contração dos orbiculares e bucinador, permitem que o osso hioide se eleve e que a língua prepare corretamente o bolo alimentar e ocorra a deglutição. Assim, esta ação é um perfeito exemplo do sincronismo e da complexidade do sistema estomatognático. Uma falha neste mecanismo pode alterar o equilíbrio do complexo craniocervical.

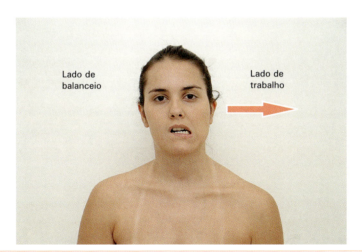

◥ **Figura 1.18** Movimento de lateralidade. Lado de trabalho: côndilo assume uma posição mais superior e posterior. Lado de balanceio: côndilo assume uma posição mais inferior e anterior

2

Relação da Coluna Cervical com a Articulação Temporomandibular

Tópicos Abordados

- Musculatura cervical.
- Anatomia funcional cervical.
- Equilíbrio postural do crânio e da mandíbula.
- Influência da má postura cervical e global na ATM.
- Postura *versus* oclusão.
- Síndromes cervicais altas.
- Principais cefaleias cervicais.

Introdução

Neste capítulo, veremos a íntima relação existente entre a cervical e a articulação temporomandibular (ATM), relação esta que nos faz crer que "disfunção temporomandibular" seja uma expressão já ultrapassada, e que "disfunção cervicocraniomandibular" seja mais adequada, já que não há acometimentos biomecânicos na cervical que não interfiram no funcionamento biomecânico correto da ATM e vice-versa. Este capítulo também é de grande importância para os fisioterapeutas, pois elucida assuntos muito familiares ao nosso cotidiano, como a cinemática e a artrocinemática cervical, a ação neuromuscular dos músculos do complexo cabeça/pescoço e a inter-relação do mecanismo postural da cabeça com o mecanismo postural da mandíbula.

Iniciaremos este capítulo com uma abordagem básica da musculatura cervical. Depois, falaremos sobre a ação dos músculos do complexo cabeça/pescoço na busca do equilíbrio do crânio sobre a cervical, e em seguida sobre a influência da má postura cervical na ATM e vice-versa. Terminaremos explicando a relação da oclusão com a postura, além de um breve comentário sobre síndromes cervicais e cefaleias de origem cervical.

Musculatura Cervical

Alguns músculos cervicais atuam de forma efetiva no sistema estomatognático, equilibrando o crânio sobre a cervical e, consequentemente, a postura mandibular (Figura 2.1). Entre esses músculos, podemos citar o esternocleidomastóideo (ECM), o trapézio superior, o esplênio da cabeça, o elevador da escápula, o escaleno, o longo de pescoço e cabeça e os supra- e infra-hióideos.

Esses músculos, além de apresentarem grande importância no equilíbrio postural de cabeça e pescoço, também apresentam expressiva importância clínica, pois são focos de dores miofasciais extremamente comuns nas disfunções cervicocraniomandibulares.

O ECM (ver Figura 2.1) situa-se ao lado do pescoço e na lateral ao trapézio superior, sendo formado por duas cabeças, uma com origem no esterno e outra na clavícula, que se fundem e se dirigem nos sentidos superior, lateral e posterior, inserindo-se no processo mastóideo do temporal e no occipital. Atua na flexão lateral (inclinação) da cabeça para o mesmo lado e na rotação da cabeça para o lado oposto, na flexão do pescoço e na ligeira extensão da cabeça.

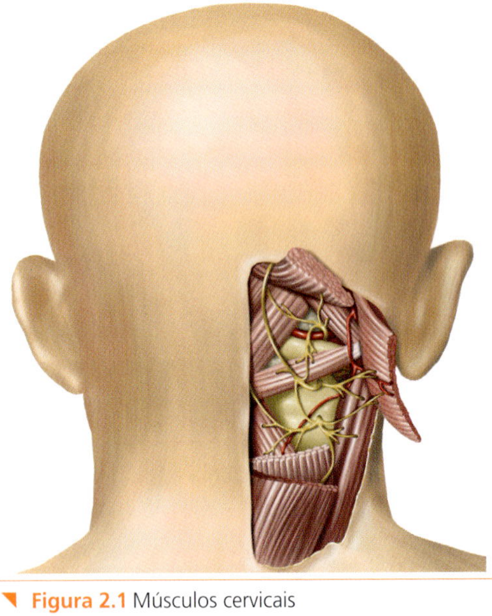

O trapézio superior tem origem na parte posterior do crânio, na protuberância occipital externa e na linha superior da nuca, inserindo-se na face lateral da clavícula e do acrômio, e posteriormente na espinha da escápula. Sua contração unilateral resulta na rotação da cabeça para o lado oposto e em sua curvatura para trás; já a contração simultânea resulta em curvatura da cabeça para trás e aumento da curvatura cervical (extensão).

O escaleno origina-se no processo transverso das vértebras cervicais e insere-se na primeira e na segunda costelas. Apresenta uma porção anterior, média e posterior, e, quando em contração unilateral, realiza flexão lateral da cervical; em contração bilateral, auxilia na extensão da cabeça e na rotação para o lado contralateral (porção anterior unilateralmente).

O elevador da escápula tem origem entre a primeira e a quarta vértebras, e insere-se na escápula; quando contraído, traciona a escápula nos sentidos superior e medial, além de realizar extensão, rotação e flexão lateral para o mesmo lado da cabeça.

O longo do pescoço é um músculo pré-vertebral e localiza-se anteriormente aos corpos vertebrais e aos processos transversos das vértebras C1 a T3. Atua como flexor anterior da cabeça auxilia em sua inclinação e ainda pode promover a retificação da curvatura cervical. Este músculo e o longo da cabeça e o reto anterior da cabeça, são flexores profundos e desempenham um importante papel na estabilização cervical.

Os músculos infra- e supra-hióideos já foram citados no Capítulo 1, *Anatomia Funcional e Biomecânica da Articulação Temporomandibular*, e mais adiante discutiremos a influência desses grupos musculares no equilíbrio do crânio, junto com os outros músculos já abordados aqui.

Figura 2.1 Músculos cervicais

Outra região que deve ser citada, por ser extremamente lesionada em pacientes com disfunção cervicocraniomandibular e má postura, é o trígono occipital (Figura 2.2), encontrado profundamente nos músculos semiespinais da cabeça e do trapézio superior, formado pelo occipital, pelo processo transverso de C1 e pela espinhosa de C2, criando um formato de triângulo. Nessa área, passam várias estruturas nobres nervosas e vasculares que, quando comprimidas, levam a quadro álgico intenso e a outros sintomas muito desagradáveis aos pacientes, esclarecidos nos próximos capítulos.

Anatomia Funcional da Coluna Cervical

A coluna cervical é o segmento da coluna vertebral de maior mobilidade, sendo formada por sete vértebras. Tem como funções principais: manter suporte adequado e dar estabilidade para a cabeça e proteger a medula espinal, além de deter os sentidos do olfato, da visão, da audição e do paladar. Apresenta lordose fisiológica, recebendo cargas estáticas e dinâmicas tanto na posição sentada quanto na posição ortostática, sendo por isso uma região suscetível a lesões. É dividida em

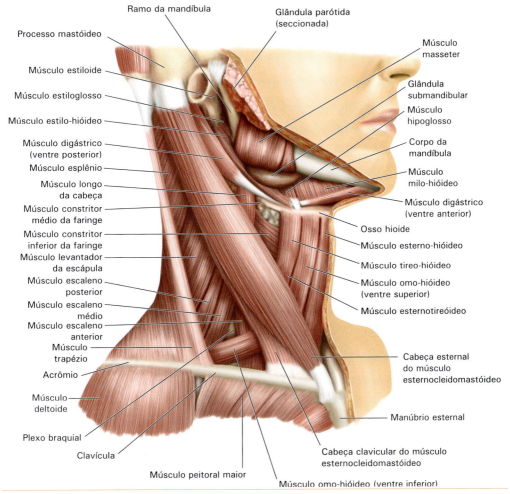

▼ **Figura 2.2** Trígono occipital

dois componentes estruturais e funcionalmente diferentes: um segmento superior ou suboccipital (C0, C1 e C2) e um segmento inferior (C3 a C7).

Duas articulações se formam no segmento superior, com grande valor clínico nas disfunções cervicocraniomandibulares, fundamentais no equilíbrio do crânio sob a cervical: a articulação occipitoatlóidea e a articulação atloideoaxóidea (Figura 2.3). A articulação occiptoatlóidea é formada pelo côndilo do occipital com as facetas superiores laterais do atlas, atuando principalmente no movimento de flexoextensão de cabeça (crânio sobre o atlas). Durante a flexão, ocorre um deslizamento do atlas para a frente, e do occipital para trás, e na extensão o occipital desliza para a frente, e o atlas para trás, encontrando como barreira, limitando assim a translação, o áxis, através de sua apófise odontóidea.

Na inclinação de cabeça, os côndilos occipitais deslizam para o lado contralateral; já na rotação de cabeça, não ocorre um movimento puro, pois há o acompanhamento de deslizamento anterior e lateral. A articulação atloideoaxóidea também pode ser denominada articulação de C1-C2, sen-

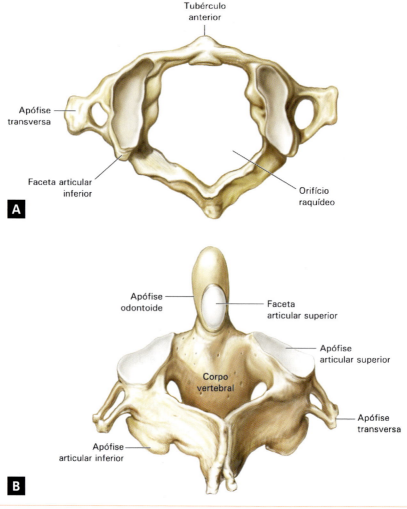

◢ **Figura 2.3 (A e B)** Atlas-áxis

do que a maioria dos movimentos rotacionais da cabeça ocorre nessa articulação. Quando, na avaliação, é detectada uma rotação de cabeça, na maioria das vezes o problema está nessa articulação.

A cervical é formada por sete pares de articulações sinoviais altamente inervadas. Essas articulações entre as vértebras ocorrem na faceta ou na articulação zigapofisárias e são constituídas por processos articulares superiores e inferiores das vértebras adjacentes, que permitem um movimento de deslizamento entre elas. Durante a movimentação da coluna cervical, as facetas realizam movimentos diferentes; na flexão, por exemplo, as facetas articulares se movem para a frente e para cima; na extensão, para baixo e para trás; na inclinação lateral, para baixo e para o lado da inclinação; e, no lado contralateral, para cima. Já na rotação, as facetas se movem para baixo e para trás no lado da rotação, e para a frente e para cima no lado contralateral.

Ação Muscular na Busca do Equilíbrio Postural do Crânio e da Mandíbula

O peso da cabeça e o centro de gravidade deslocam-se para frente, o que exige a ação dos músculos posteriores da cabeça, da cervical e da escápula e de seus antagonistas (músculos anteriores de cervical como os supra- e infra-hióideos, entre outros) para que se tenha o equilíbrio da crânio sob a cervical. A estabilidade do equilíbrio deste segmento craniomandibular-cervical, basicamente, é resultante do equilíbrio entre essas forças anteriores e posteriores, criando assim uma cadeia cinética funcional em que suas estruturas são interconectadas por cápsulas articulares, ligamentos e músculos, integrados ao sistema vascular, linfático e nervoso. Em particular, para manutenção deste equilíbrio, deve-se também ter uma atenção especial à biomecânica correta das articulações temporomandibular e occipitoatlóidea e à oclusão dentária.

Devemos ter em mente também que o equilíbrio craniomandibular-cervical é uma ação involuntária e autônoma. No crânio, temos a presença de todas as vísceras sensitivas (olhos, nariz, ouvidos e boca) que ligam o corpo ao meio externo. Logo, qualquer alteração nessas vísceras pode alterar significativamente tal equilíbrio. Um exemplo deste fato seria a deficiência visual no olho esquerdo que promove a inclinação involuntária da cabeça para o lado direito.

Nas Figuras 2.4 a 2.6, observamos o crânio, a cervical, o osso hioide e a mandíbula sendo representados por hastes metálicas, enquanto os músculos posteriores de cervical, os músculos infra- e supra-hióideos e os elevadores da mandíbula são representados por "elásticos" presos a elas. Esse esquema de "elásticos" mostra muito bem como a ação neuromuscular da região mastigatória e cervical influencia ativamente os movimentos posturais funcionais da cervical e da mandíbula.

Na Figura 2.4, observamos como deveriam ser as posturas cervical e mandibular corretas, em que os músculos da cadeia posterior estão em equilíbrio com os músculos da cadeia anterior. Já na Figura 2.5, observamos que, quando se tem uma tensão nos músculos posteriores da cervical, diminui-se o comprimento dos "elásticos" posteriores (trapézio, esplênio, suboccipitais, entre outros), aumentando o comprimento dos "elásticos" anteriores inferiores presos à haste que representa o osso hioide (infra-hióideos). Isso, consequentemente, gerará tensão também dos "elásticos" acima desta (supra-hióideos) e em sequência o tracionamento da próxima haste (mandíbula) e dos "elásticos" que estão presos a ela na parte superior (músculos elevadores da mandíbula). Conclui-se então que, quando experimentamos tensão nos músculos posteriores cervicais, ativamos seus antagonistas anteriores, ou seja, os infra- e supra-hióideos, que por sua vez são abaixadores de mandíbula e criarão tensão em seus antagonistas, os elevadores de mandíbula, como o masseter, o temporal, o pterigóideo medial e o pterigóideo lateral superior. Logo, qualquer ten-

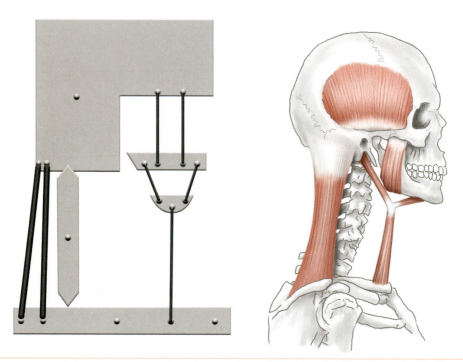

◤ **Figura 2.4** Equilíbrio entre os músculos da cadeia posterior e anterior

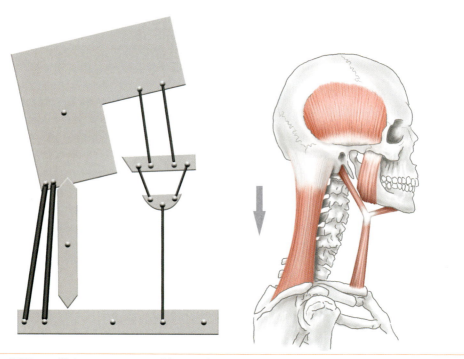

◤ **Figura 2.5** Desequilíbrio por tensão na cadeia posterior

são nos músculos cervicais posteriores leva à tensão nos elevadores de mandíbula, podendo afetar a oclusão e a ATM.

Na Figura 2.6, o desequilíbrio postural ocorre de forma inversa à do exemplo anterior. Neste caso, inicia-se com a tensão dos músculos anteriores (elevadores de mandíbula), o que consequentemente levará à tensão dos músculos posteriores do crânio e da cervical. Isso demonstra que a hiperatividade muscular dos elevadores mandibulares pode criar tensão, dor e alterações posturais na coluna cervical.

Durante os movimentos cervicais, algumas alterações também ocorrem no espaço intra-articular da ATM, modificando a posição do côndilo. Na flexão cervical, por exemplo, a mandíbula assume uma posição mais anterior, promovendo anteriorização do côndilo e do disco, como na abertura bucal. Já durante extensão da cabeça, observa-se posteriorização da mandíbula e consequentemente do côndilo e do disco.

Outro dado para o qual devemos estar atentos: quando se tem hiperatividade de longa data nos músculos elevadores de mandíbula, como no masseter, ocorrerá hiperatividade dos músculos suboccipitais, diminuindo os espaços intervertebrais de C0, C1 e C2, comprimindo o trígono occipital e criando uma hipomobilidade de cervical alta (C0-C1-C2), o que resulta em hipermobilidade de cervical baixa (C3 a C7). Isso pode provocar aumento de processo degenerativo destes segmentos, além de dor e desconforto local, associados a cefaleia. Podem também ocorrer outros sintomas, como tonteiras, zumbidos e náuseas.

Deve ficar claro, com relação à articulação temporomandibular, que sua mobilidade não é guiada apenas pelos músculos mastigadores, mas igualmente pela sinergia de inúmeros músculos que também participam de ações voluntárias e reflexas. Assim, o equilíbrio mandibular não é somente um equilíbrio oclusal, mas também postural globalizado.

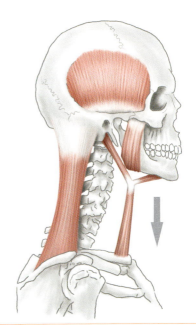

◀ **Figura 2.6** Desequilíbrio por tensão na cadeia anterior

Influência da Má Postura Cervical e Global na ATM

O sistema tônico postural está interligado a outros sistemas corporais e exerce inúmeras funções, como:
- Dar equilíbrio ao indivíduo durante os movimentos.
- Manter a postura ereta com menor custo energético.
- Situar o indivíduo no espaço/tempo.
- Opor o corpo a forças externas.

Para manter essas funções, com o objetivo de preservar a postura ereta, o organismo utiliza-se também das diferentes fontes sensitivas, como: a pele (tato), os olhos (visão), o ouvido (audição), os centros superiores e os proprioceptores de tendões, músculos e cápsulas.

Com relação à influência da postura corporal na ATM e vice-versa, vários autores já observaram como essa articulação e o sistema estomatognático ficam comprometidos em pacientes com quadro de má postura, assim como as mais diversas alterações da oclusão, da biomecânica e da fisiologia articular da ATM podem ocasionar modificações importantes no sistema tônico postural. Porém, mesmo com tantas evidências científicas, vários profissionais ainda insistem em afirmar que as disfunções da ATM têm como causa principal as alterações na oclusão dentária, o que é um equívoco, pois, por meio de pesquisas, principalmente com o uso de eletroneuromiografia (ENM), comprovou-se que alterações na posição da cabeça e do pescoço provocadas por má postura modificam a posição mandibular, alterando o plano de oclusão e criando desarranjos intra-articulares, como a modificação da posição do côndilo e do disco.

Uma das alterações posturais mais comumente observadas na cervical e que interferem no funcionamento da ATM é a anteriorização da cabeça, que gera extensão cervical com aumento da lordose superior, quando o indivíduo a corrige para as necessidades visuais. Essa postura inadequada da cabeça leva à tensão nas cadeias tanto posterior quanto anterior, criando hiperatividade nos músculos suboccipitais, como também no ECM e nos músculos hióideos, o que modifica a posição do osso hioide e, consequentemente, forças retrusivas na mandíbula e aumento na ação dos músculos da mastigação. Isso gera uma postura viciosa na ATM, em que o côndilo assume posição mais posterior, podendo ocasionar compressão dos tecidos retrodiscais e até mesmo criar um quadro patológico articular muito comum nas disfunções temporomandibulares, chamado de retrodiscite.

Em contrapartida, os pacientes com DTM por uma vista descendente podem desenvolver perda da lordose cervical, ombros protuídos ou elevados e inclinações e rotações cervicais para o lado da ATM afetada, em consequência da hiperatividade dos músculos da mastigação.

O sistema mastigatório é parte do sistema postural, pois une as cadeias anterior e posterior, em que a língua e a mandíbula pertencem à anterior, e a maxila, à posterior; logo, alterações posturais à distância influenciaram toda a dinâmica temporomandibular e a oclusão dentária. Por exemplo: as alterações no arco plantar podem gerar estimulação de mecanorreceptores neuronais, provocando a contração dos músculos antigravitacionais, o que altera o reajuste do centro de gravidade e da postura, consequentemente modificando o plano oclusivo. Desajustes posturais em diversas outras regiões corpóreas (Figura 2.7), como nos joelhos, na lombar e na pelve, entre outras, também podem comprometer a ATM e a oclusão. Vamos dar como exemplo um indivíduo que apresenta uma anteversão pélvica exagerada: ele irá apresentar secundariamente um aumento da lordose lombar e da cifose torácica, com a inevitável modificação da posição da cabeça e, consequentemente, da mandíbula. Essa inter-relação da postura, ATM e oclusão, é tão nítida que vários pesquisadores continuam tentando provar

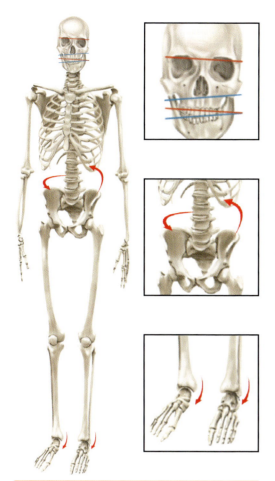

◣ **Figura 2.7** Postura versus ATM. Alterações posturais de outras articulações interferem na postura da mandíbula

que existe uma possível relação entre a má oclusão e a escoliose, já que a má oclusão gera torções que modificam os estímulos proprioceptivos periodontais que promovem aferências criando um novo esquema mastigatório. Isso consequentemente cria uma desorganização neurológica que atinge o sistema postural, provocando torções pélvicas e alterações vertebrais, que poderão modificar o eixo desta coluna vertebral.

Além de todo o entendimento fisiopatológico sobre as alterações posturais do complexo cabeça/pescoço, vale ressaltar que neurofisiologicamente existe também uma estreita relação da cervical com as estruturas que compõem o aparelho mastigatório (complexo trigeminocervical), pois a inervação neural da região craniofacial é mediada pelas três divisões do nervo trigêmeo (V), o nervo facial (VII), o nervo glossofaríngeo (IX), o vago (X) e os três primeiros nervos cervicais, junto com os estímulos do SNA. Quando efeitos excitatórios centrais alteram a função de neurônios eferentes, a influência é sentida no músculo inervado por este neurônio. Em casos de dores profundas, por exemplo, ocorre um efeito secundário de excitação reflexa do músculo caracterizado pela contração dos antagonistas na tentativa de limitar a ação dos agonistas, ao qual chamamos cocontração (Figura 2.8). Nos casos de dores profundas na cervical, poderíamos não só provocar alterações sensitivas, mas também motoras, como a cocontração no aparelho mastigatório e vice-versa, o que poderia alterar a postura das articulações nas quais tais músculos se inserem ou se originam.

Outro dado que enfatiza a influência da má postura na ATM é que o aumento da cifose torácica e da lordose cervical, projetando a cabeça para frente e provocando atividade nocisseinsitiva de longa duração, resulta no surgimento de manifestações do sistema simpático na região craniocervical, como redução da irrigação efetiva destes tecidos e do limiar de excitabilidade dos sensores nociceptivos.

Vale ressaltar que as fibras aferentes do nervo trigêmeo não são apenas responsáveis pela transmissão de estímulos dolorosos, como também têm a função de conduzir os estímulos dos mecanorreceptores dos tecidos moles que compõem o sistema de estabilização craniocefálico (propriocepção, sistema vestibular, visão e movimentos oculares), fato que influenciará não só a postura de cabeça como a postura corporal.

Postura *Versus* Oclusão

A má postura com relação à oclusão é sempre um enigma, pela dificuldade que temos em distinguir se ela é causa ou consequência da má oclusão.

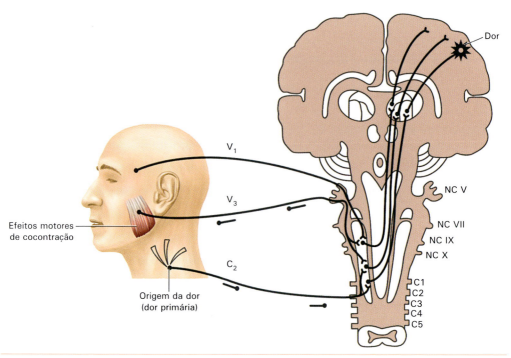

◤ **Figura 2.8** Cocontração

Certamente, a esta altura já estamos entendendo que alterações na postura cervical e até mesmo globais podem alterar os contatos oclusais (alterações ascendentes) ou os contatos oclusais podem alterar a postura corporal (alterações descendentes). Para compreendermos melhor este tópico do capítulo, temos primeiramente que definir alguns conceitos básicos comuns na odontologia, embora pouco conhecidos pelos fisioterapeutas.

Definimos oclusão como todo e qualquer contato estático entre um e vários dentes superiores e inferiores. Em condições normais, existe uma determinada dimensão vertical entre as arcadas, que apresenta em média um espaço de 2 a 3mm, denominado "espaço livre interoclusal" ou "*free way space*". Já quando temos uma área no esquema oclusal que impede o contato das outras áreas de contato oclusal restantes, usamos a expressão "contato prematuro".

Quando temos uma oclusão com máxima estabilidade, sem contatos prematuros, podendo ou não coincidir com a relação cêntrica (RC), ela se denomina "máxima intercuspidação habital" (MIH), em que RC é a posição mais superior e anterior assumida pelo côndilo na cavidade articular.

Outro conceito importante que devemos entender refere-se à: "posição de repouso fisiológico", ou seja, a posição adotada pela mandíbula com a musculatura em equilíbrio tônico, determinado, por sua vez, pelo estado de semicontração muscular para vencer a força da gravidade. Tal condição varia conforme a posição da cabeça, do corpo e dos estímulos proprioceptivos que partem dos dentes, e até mesmo de acordo com fatores emocionais. Vários pacientes com má postura não observam tais princípios e acabam criando interferências na dinâmica mandibular.

A oclusão é classificada em classes esqueléticas I, II, III. A classe I caracteriza-se pela normoclusão, quando os dentes inferiores estão circunscritos pelos superiores em máxima intercuspidação, em que os incisivos superiores recobrem um terço dos incisivos inferiores. Além disso, posteriormente é requerido um perfeito encaixe dos molares. A classe II (Figura 2.9) caracteriza-se pelo recuo relativo da mandíbula, com a perda da relação dos molares superiores e inferiores, sendo ainda subdividida em classe II – divisão 1, quando os incisivos centrais estão orientados para a frente, apresentando uma abertura anterior, com disfunção lingual, e classe II – divisão 2, quando os incisivos estão orientados para trás, com supraoclusão associada. Já a classe III (Figura 2.10) caracteriza-se por uma anteriorização mandibular, com perda do perfeito encaixe dos primeiros molares, quando o primeiro molar inferior fica à frente do superior, além de uma posição baixa da língua.

As classes esqueléticas II e III levam a uma modificação da posição da mandíbula, o que altera a posição do osso hioide e a oclusão, criando consequentemente alterações na biomecânica da ATM, fato que poderá criar desajustes posturais descendentes, como em indivíduos classe II os quais apresentam má postura mandibular, com a cabeça, o pescoço e os ombros assumindo uma postura mais anterior. Já nos indivíduos incluídos na classe III, estes segmentos assumem uma posição mais posterior. Outros fatores referentes à oclusão que podem criar alterações posturais globais descendentes são, por exemplo: contatos prematuros, ausência de elementos dentários e incapacidade de manter a mandíbula em posição de repouso fisiológico. Tais anormalidades podem levar à mastigação unilateral e à hiperatividade dos músculos do aparelho mastigatório, gerando tensões musculares assimétricas e consequentemente tensões assimétricas no tecido fascial, que resultam desequilíbrios posturais com reflexos no equilíbrio do músculo esquelético corporal.

Contrariamente aos exemplos citados no último parágrafo, para exemplificar uma alteração ascendente em que a postura cria interferências oclusais, observa-se, nas Figuras 2.11 e 2.12, cla-

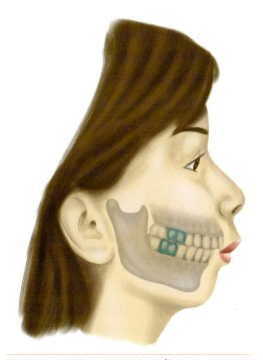

◥ **Figura 2.9** Classe II, vista de perfil

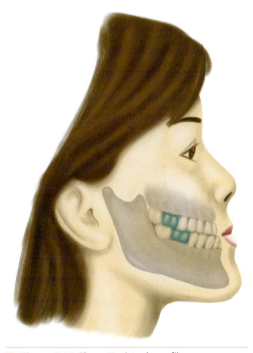

◥ **Figura 2.10** Classe III, vista de perfil

ramente como a incorreta posição da cervical no plano sagital pode alterar os contatos oclusais. A postura cervical exerce influência direta sobre a oclusão dentária. Por exemplo, quando temos a cabeça inclinada para um lado, aumentam-se os contatos dentários do lado contralateral. Já quando o crânio se anterioriza ocorre extensão na articulação atlanto-occipital, e os dentes maxilares projetam-se para frente e a mandíbula projeta-se para baixo e para posterior (Figura 2.12). Contrariamente, quando o crânio se projeta posteriormente (Figura 2.11), ocorre flexão da articulação atlanto-occipital, elevando e anteriorizando a mandíbula e seus dentes. Nesse caso os movimentos craniocervicais causam movimentos adaptativos na mandíbula e em suas estruturas, criando uma hiperatividade dos músculos masseter e temporal que surgem quando a cabeça assume uma posição de extensão; e a mandíbula, de retrusão.

Síndromes Cervicais Altas

Alterações provenientes de C1-C2, C2-C3 podem desencadear quadro álgico na região posterior da orelha (Figura 2.13) descendo pelo ramo da mandíbula, dor na altura do zigomático, perda de equilíbrio, tonteira, dificuldade de deglutição, dor associada a zumbido e cefaleia unilateral perto da região da própria orelha ou na região supraorbicular. Ainda nestas síndromes podem surgir sintomas menos frequentes, como sensação de dormência na língua com prurido no palato duro.

Outro fator que deve ser abordado nessas síndromes é a presença do gânglio cervical superior, fixado abaixo da base do crânio, em frente ao áxis e ao C3. Nesses segmentos, haverá sintomas de hipersimpaticotonia, provocando a síndrome de Horner, com sintomas como:

- Ptose (queda da pálpebra superior).
- Miose (constrição da pupila).
- Ocasionalmente enoftalmia (afundamento do olho).
- Anidrose (transpiração diminuída) em um dos lados da face.

O vago, descendo bilateralmente pelo pescoço, quase em contato com o processo transversal do atlas, pode ser irritado nos casos de fixações vertebrais (subluxações), atlanto-occipitais e atlantoaxiais, levando a sintomas como hipervagotomia ou hipovagotomia, com possibilidade de desmaios, disfagia e alterações no batimento cardíaco e na função intestinal, além de suores, movimentos involuntários e dolorosos e tonteira (Figura 2.14).

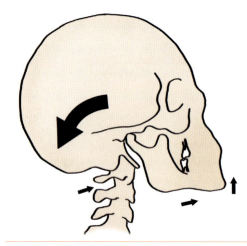

▼ **Figura 2.11** Projeção posterior do crânio

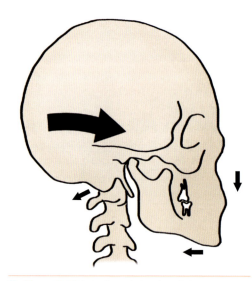

▼ **Figura 2.12** Projeção anterior do crânio

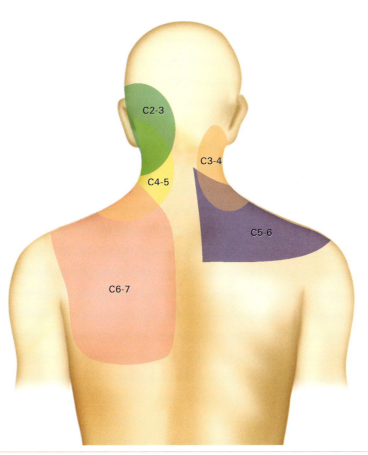

◤ **Figura 2.13** Mapa de dor cervical

Todos esses sintomas são muitas vezes provocados por hipomobilidade da articulação occiptoatlóidea, que é uma intercorrência corriqueira das disfunções da articulação temporomandibular. Por esse motivo, devemos atentar para a avaliação precisa e o diagnóstico diferencial nessa região superior.

Cefaleias Cervicais

Esses tipos de cefaleias também estão corriqueiramente associadas à ATM. Pacientes com cefaleia em conjunto com sintomas cervicais apresentam aumento da tensão muscular pericraniana e maior extensão de dor relatada na face e na cabeça, em especial quando a fonte é o músculo trapézio, resultante de disfunção miofascial e que está muito associado a cefaleias graves e crônicas.

Quando há o comprometimento em C0-C1, a cefaleia ocorre da região occipital para cima. A subluxação de C1/C2 também pode causar cefaleia occipital, que se agrava com a cabeça em flexão. Outra região que pode desencadear cefaleia occipital é a C2-C3, agravada pela inclinação lateral com estiramento da região tensa. Compressões na artéria vertebrobasilar também podem desencadear cefaleia em várias outras regiões do crânio. A Figura 2.15 mostra como se manifestam cefaleias cervicais de origem em C1-C2 e C2-C3.

Outra causa de cefaleia crônica de influência cervical é uma possível alteração biomecânica occipitoatlóidea, como uma fixação em inclinação lateral

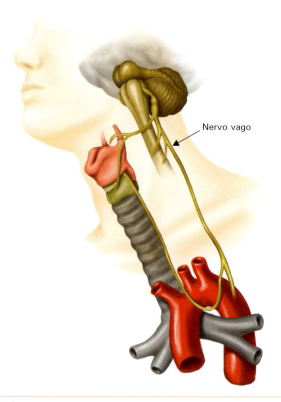

◥ **Figura 2.14** Anatomia do nervo vago

ou rotação deste segmento, pressionando a dura-máter e assim constringindo o espaço subaracnóideo do cerebelo (piso da cisterna cerebelar) contra o véu palatino medular, fechando parcialmente a saída do orifício de Luschka e Magendie, interferindo na saída do líquido cefalorraquidiano do quarto ventrículo e aumentando a pressão intracraniana. Isso poderá provocar cefaleias incuráveis e outros sintomas extremamente desagradáveis, como náuseas, ataxias protopáticas e distúrbios visuais.

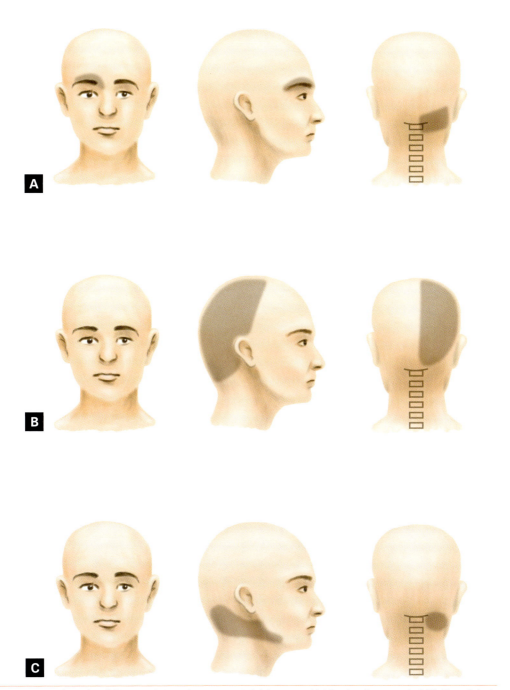

▼ **Figura 2.15** (**A** a **C**) Cefaleias cervicais mais comuns. Cefaleia supraorbitária, de origem cervical (**A**). Nevralgia de Arnold – ramo posterior da C2 (**B**). Nevralgia occipitotemporomaxilar (**C**)

3

Disfunções da Articulação Temporomandibular

Tópicos Abordados

- Etiologia.
- Fisiopatologia.
- Epidemiologia.
- Sintomatologia.
- DTM de origem articular.
- Distúrbios musculares.
- Respiração *versus* ATM.
- Relação do controle motor com a ATM.

Introdução

Neste capítulo, abordaremos as manifestações clínicas das disfunções da articulação temporomandibular (DTM), assim como a epidemiologia e a etiologia desta patologia.

A DTM tem várias denominações, como síndrome de Costen, disfunção craniomandibular e disfunção cervicocraniomandibular, entre outras. Podemos definir essa disfunção, em sentido amplo, como um conjunto de disfunções articulares e musculares das regiões orofaciais de etiologia multifatorial e sintomatologia diversificada.

Devemos ter também em mente que a articulação temporomandibular (ATM) é uma estrutura pertencente ao sistema estomatognático. Logo, é suscetível a qualquer modificação que ocorra na respiração, na deglutição, no paladar, na fala e na mastigação, obrigando os profissionais a ter uma visão mais global e complexa ao avaliar essa patologia. Isso porque sua diversidade sintomatológica e sua etiologia multifatorial criam a necessidade de uma intervenção, muitas vezes multidisciplinar, com o fisioterapeuta, o dentista, o médico, o psicólogo e o fonoaudiólogo, tendo que trabalhar em equipe para a efetiva reabilitação do paciente (Figura 3.1).

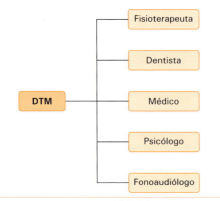

▼ **Figura 3.1** Intervenção multidisciplinar

Apesar de a DTM não ser um achado recente, ainda são poucos os profissionais que se dedicam ao estudo e ao tratamento dessa enfermidade. Por isso, o portador desta patologia percorre um longo e doloroso caminho até encontrar o tratamento correto de sua doença, fato este que leva à cronicidade da DTM na maioria dos casos.

Etiologia

Como já mencionado, a DTM é uma patologia de etiologia multifatorial. Entre as causas principais, podemos citar hábitos parafuncionais, alterações oclusais, problemas sistêmicos, alterações estruturais, transtornos emocionais e traumatismos.

Hábitos parafuncionais são aqueles que, em sua maioria, recebem influência de estímulos do sistema nervoso central e provocam contração isométrica sustentada de um determinado grupamento muscular. Isso, consequentemente, leva as articulações nas quais estes músculos estão inseridos a trabalharem sobrecarregadas, diminuindo o espaço intra-articular, o que resulta na intensificação do quadro degenerativo. Alguns desses hábitos são:

- Morder unha (unicofagia).
- Morder objetos como lápis e canetas.
- Mascar chicletes.
- Tabagismo.
- Mastigar alimentos duros constantemente.
- Cometer apertamento dentário, o que também pode ser chamado de Bruxismo de vigilância e bruxismo noturno (Figura 3.2). Ou seja, o apertamento noturno, que é a parafunção mais comumente observada nos portadores de DTM.

A má postura de cabeça e cervical também é considerada um hábito parafuncional, já que provoca igualmente contração isométrica sustentada e leva as estruturas intra-articulares a trabalharem sobrecarregadas.

Alterações oclusais (Figura 3.3), como falta de dentes (principalmente dos molares), perda de guias oclusais e contatos prematuros, entre outros, são também causas frequentes da DTM. Por muitos anos, foram consideradas as causas principais dessa patologia, hipótese descartada a partir de estudos comprovando ser inegável que aspectos emocionais, posturais, sistêmicos e estruturais são fatores predisponentes e perpetuadores dessa disfunção.

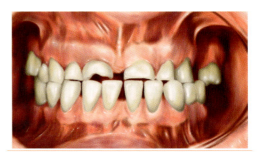

▼ **Figura 3.2** Bruxismo (hábito parafuncional)

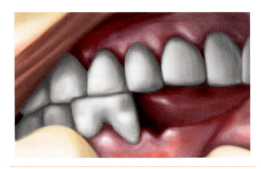

▼ **Figura 3.3** Alterações oclusais (perda de dentes posteriores)

Algumas alterações sistêmicas, como hiperlassidão ligamentar sistêmica, fibromialgia, artrite psoriática e reumatoide, distúrbios hormonais e transtornos do sono, também causam distúrbios articulares e lesões nos músculos da mastigação.

Transtornos emocionais, como depressão, ansiedade aguda e estresse, são cada vez mais citados em artigos como fatores coadjuvantes importantes nas alterações da musculatura mastigatória. Enquanto isso, os traumatismos, em geral, são citados na literatura como coadjuvantes de distúrbios articulares.

Os traumatismos na ATM podem ser:

- Macrotraumatismos, diretos na face, que ocasionam fraturas e processos inflamatórios agudos.
- Indiretos, como síndrome do chicote cervical (*whiplash*) (Figura 3.4).
- Microtraumatismos, provocados com frequência por hábitos parafuncionais.

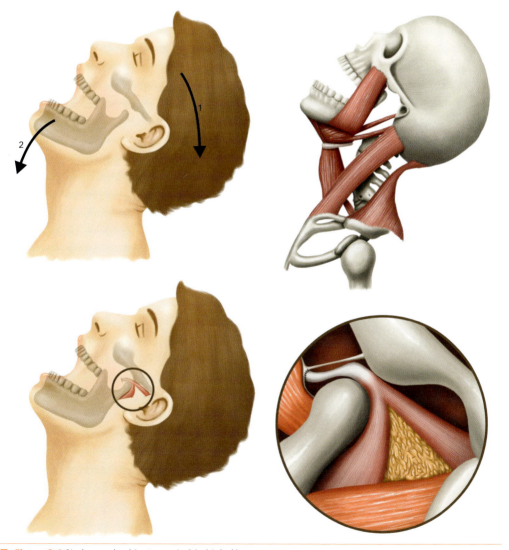

◣ **Figura 3.4** Síndrome do chicote cervical (*whiplash*)

Fatores estruturais anatômicos de desenvolvimento, como malformações esqueléticas, entre as quais podemos citar as discrepâncias no interarco em crianças classe II e a inclinação exagerada da eminência articular, têm relação direta com a má oclusão, gerando hiperatividade dos músculos mastigadores e desgastes articulares graves.

Outro fator etiológico pouco citado na literatura médica, embora muito comum em indivíduos classe II e até mesmo naqueles com normoclusão, é o encurtamento do lábio superior, que gera hiperatividade dos músculos elevadores, provocando também a DTM.

Fisiopatologia

A fisiopatologia da DTM ainda não é clara, porém evidências de hiperexcitabilidade do SNC, grande impacto funcional, ausência de correlação direta da dor com uma lesão tecidual e envolvimento psicológico sugerem que mecanismos de sensibilização central e alterações nas vias moduladoras de dor podem ser os mecanismos de ação desta disfunção.

Epidemiologia

A DTM é um distúrbio que atinge grande parcela da população, apesar de os dados ainda não serem tão precisos quanto ao número de pessoas acometidas. Estima-se que cerca de 75% da população tem ao menos um sintoma de disfunção articular, e 33%, de disfunção muscular, segundo estudos norte-americanos. A incidência é maior em mulheres, em uma proporção estimada de cinco mulheres para um homem. Vale ressaltar que as mudanças hormonais durante o ciclo menstrual e a gravidez, além do estresse e da consciência maior com relação aos cuidados com a saúde, tentam explicar a alta incidência dessa patologia no gênero feminino. No que se refere à idade, a DTM pode estar presente em todas as faixas etárias, porém a maior incidência é encontrada entre 20 e 40 anos de idade.

Sintomatologia

A sintomatologia, como citado anteriormente, é extremamente diversificada, o que corriqueiramente provoca erros de diagnóstico, exigindo muito treinamento do profissional para diagnosticar esta disfunção com precisão. Alguns sintomas clássicos da DTM (Figuras 3.5 a 3.7) são:
- Cefaleia.
- Ruídos articulares (estalido e crepitação).
- Limitação de movimentos e/ou desvios dos movimentos da mandíbula.
- Dor na ATM e nos músculos da face.

Outros sintomas, menos frequentes, que podem surgir junto com os anteriores são:
- Dores de ouvido.
- Zumbidos.
- Vertigens.
- Fadiga nos músculos faciais.
- Dores nos dentes.
- Dores cervicais (principalmente na região suboccipital), podendo estender-se até a região dorsal alta e região anterossuperior do tórax.

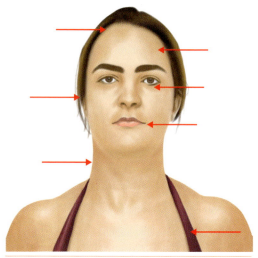

▼ **Figura 3.5** Pontos de manifestação dos sintomas em região anterior

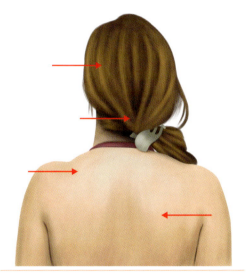

◥ **Figura 3.6** Pontos de manifestação dos sintomas em região posterior

◥ **Figura 3.7** Pontos de manifestação dos sintomas em região lateral

- Alterações oftálmicas e sintomas autonômicos como:
  - Suor.
  - Lacrimejamento.
  - Salivação.
  - Tontura, entre outros.

- Dor miofascial.
- Mialgia local.
- Subluxação.
- Deslocamento de disco.
- Doença articular degenerativa.
- Cefaleia atribuída à DTM.

A cefaleia é, sem dúvida, o sintoma mais prevalente em pacientes de DTM. Neles, esta disfunção pode ser fator desencadeante, agravante ou perpetuante das cefaleias. Além disso, os estudos comprovam cada vez mais que existe uma grande relação dos sinais e sintomas da DTM em pacientes que já apresentam cefaleia tensional, migrânea e cefaleia crônica diária. A Tabela 3.8 facilitará a identificação dos vários tipos de cefaleia que atingem portadores de DTM.

◢ Tipos de Disfunções da Articulação Temporomandibular

De acordo com estudos recentes, os subtipos mais comuns de DTM são:
- Artralgia.

Contudo, a DTM comumente é classificada como de: origem articular e de origem muscular. Mas fica claro que uma manifestação de origem articular comprometerá os músculos da mastigação e vice-versa.

DTM de Origem Articular

A manifestação articular mais comumente vista na DTM é o deslocamento do disco articular (Figura 3.8), caracterizado pela perda da relação condilodiscal normal. O disco articular pode deslocar-se tanto para a lateral quanto para a medial, para a anterior e, até mesmo, raramente, para a posterior de maneira contínua ou intermitente.

Tabela 3.8 — Características das principais cefaleias associadas a DTM

Carcaterísticas	Migrânea	Cefaleia do tipo tensional	Cefaleia cervicogênica
Caráter da dor	Pulsátil	Pressão	Inespecífico (pressão, pulsátil, agulhada etc.)
Intensidade	Moderada/grave	Fraca/moderada	Fraca/moderada
Duração	4 a 72h	30min a 7 dias	Variável
Lateralidade	Uni ou bilateral	Bilateral	Uni ou bilateral
Localização	Frontotemporal	Holocraniana/occiptal	Variável (cabeça e/ou face)
Aura	Sim	Não	Não
Atividade física	Piora	Pode melhorar	Indiferente
Náuseas	Sim	Não	Talvez
Foto/fonofobia	Sim	Não	Talvez
História familiar	Sim	Menos frequente	Não
Período menstrual	Agrava	Não agrava	Não agrava

Fonte: adaptada de Grossi DB et al., 2015.

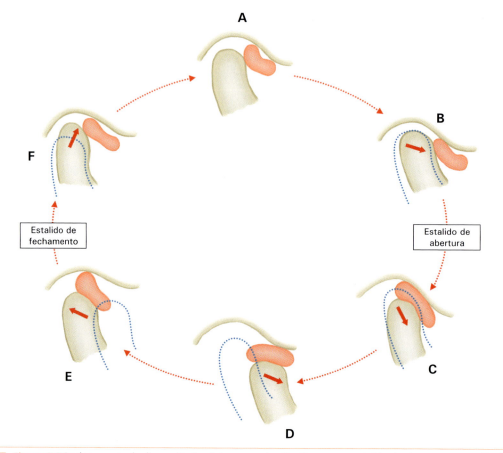

▼ **Figura 3.8** Deslocamento do disco articular. Entre os pontos B e C, ocorre o estalido de abertura, e entre E e F o de fechamento

Frequentemente, o disco desloca-se em sentido anteromedial pela ação do músculo pterigóideo lateral superior. Nesta posição anormal do disco, os ligamentos discais e as lâminas retrodiscais vão se alongando demasiadamente, e a lâmina retrodiscal superior, a única estrutura que ainda pode tracionar o disco em sentido posterior, vai perdendo sua elasticidade, com o disco assumindo uma posição ainda mais anterior, enquanto o côndilo assume uma posição mais posterior, apoiando-se abaixo da borda posterior do disco, mesmo com a boca fechada (Figura 3.9). Com a continuidade da patologia, o atrito constante do côndilo sobre a borda posterior durante o fechamento da boca torna essa porção mais delgada, modificando a morfologia do disco, que perde seu formato bicôncavo e passa a assumir uma forma biconvexa. Durante a abertura da boca, o côndilo posicionado posteriormente translada da borda posterior para a zona intermediária, recapturando esse disco que se encontra anteriorizado, episódio a que chamamos "deslocamento de disco com redução". No momento em que o côndilo se choca na borda posterior, antes de chegar à zona intermediária, ocorre um sinal clínico frequente nos portadores de DTM, ou seja, o "estalido". Este pode ocorrer em qualquer ponto do ciclo translatório durante a abertura, mas também no momento do fechamento da boca na posição de intercuspidação, sendo menos audível. Trata-se do chamado "clique recíproco".

Clinicamente, no deslocamento de disco, observamos, além do estalido, outros sintomas, como desvio da mandíbula para o lado ipsilateral do deslocamento até presença de estalido, dificuldade de lateralidade para o lado contralateral e, às vezes, dor e espasmo muscular. Com a perpetuação da lesão, o disco fica aprisionado bem anteriormente, fazendo com que o movimento completo translatório do côndilo durante a abertura seja inibido pelo disco, que assumiu uma posição anteromedial, e o indivíduo não mais consegue reposicionar o disco junto ao côndilo, provocando um limite de abertura na extensão máxima. Nessa fase, o estalido se torna ausente,

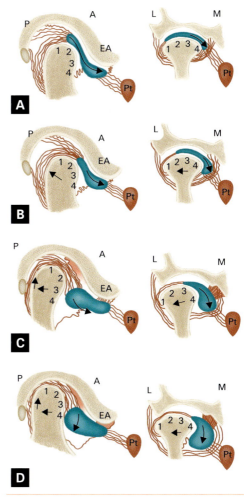

◤ **Figura 3.9** (**A** a **D**) Estágio inicial do desloca-mento (**A**). Estágio II (**B**). Estágio III (**C**). Estágio IV (**D**)

P: Posterior; A: Anterior; L: Lateral; M: Medial; EA: Eminência Articular; Pt: Pterigóideo Lateral.

e um quadro de hipomobilidade e deflexão para o lado ipsilateral se instala, além de dor e espasmo dos elevadores; chamamos esta fase da DTM de "deslocamento do disco sem redução", que também pode ser contínua ou intermitente. Nela, o côndilo geralmente assume posição crônica sobre os tecidos retrodiscais, o que pode provocar danos irreversíveis a estes tecidos e aos demais tecidos nobres localizados na região posterior da articulação, danos que podem até mesmo ocasionar necroses ósseas nessa área.

A alteração articular pode se formar por vários motivos, entre os quais o excesso de abertura bucal (hipermobilidade), que leva a articulação a realizar mais translação que rotação, criando estiramento exagerado dos ligamentos colaterais, capsulares e retrodiscais, entre outros, e deixando instável a relação condilodiscal (compartimento inferior). Outras causas seriam a solicitação excessiva do feixe do músculo pterigóideo lateral superior (Figura 3.10) durante os hábitos parafuncionais, traumatismos faciais com os dentes em oclusão e traumatismos cervicais, principalmente quando o indivíduo se encontra com os dentes desocluídos, como na lesão do "chicote" cervical. Vale relembrar que alterações posturais cervicais favorecem a posição errada do côndilo e do disco, podendo facilitar seu deslocamento.

Outras alterações articulares

Existem várias outras alterações articulares que ocorrem na ATM, já que essa articulação é extremamente solicitada e está constantemente suscetível a traumatismos tanto externos (macrotraumas) quanto internos (microtraumatismos). Podemos citar inúmeras causas que provocam artralgias na ATM, entre elas doenças degenerativas, distúrbios inflamatórios, anciloses, deslocamento do complexo condilodiscal e desvios da forma, como modificações na morfologia do disco e defeitos nas superfícies articulares.

As doenças degenerativas que acometem a ATM são a osteoartrose, a osteoartrite e a poliartrite. A osteoartrose apresenta-se clinicamente indolor, causando desvio para o lado da lesão e um ruído típico de crepitação. Já a osteoartrite é similar à osteoartrose em muitos aspectos, porém se diferencia significativamente com relação à inflamação secundária da sinóvia, manifestando-se clinicamente com quadro álgico constante e localizado, com o paciente relatando piora da dor após as refeições. Há melhora dos sintomas ao repouso, podendo ocorrer limitação da amplitude de movimento, desvio ipsilateral e algumas restrições contralaterais. Poderá também surgir edema, em especial quando a causa for traumática, além de mialgia e espasmo dos músculos da mastigação. Muitas vezes, a poliartrite apresenta quadro clínico similar ao da osteoartrite, quando ocorrem mudanças degenerativas na cartilagem e no osso, e inflamação na cápsula e na sinóvia. Incluídas na categoria de poliartrite estão várias doenças de etiologias diferentes, como a artrite reumatoide, a artrite psoriática, a artrite reumática juvenil e as doenças metabólicas, entre outras, sendo a mais comum do grupo a artrite reumatoide juvenil e a adulta. Clinicamente, as poliartrites apresentam em sua fase aguda dor e sensibilidade à palpação. Surgem sinais flogísticos típicos e ruído do tipo crepitação, além de alterações degenerativas que poderão provocar alterações oclusais graves.

Os distúrbios inflamatórios da ATM surgem, em geral, devido a sobrecargas provocadas por hábitos parafuncionais, traumatismos ou infecções, e o sinal clínico típico é a dor contínua, mesmo ao repouso, que piora muito com o movimento articular. A dor, por ser contínua, criará efeitos excitatórios centrais, como dor relatada, espasmo muscular e hiperalgesia. Podemos classificar esses distúrbios inflamatórios da ATM como sinovite, capsulite e retrodiscite. Tanto a sinovite quanto a capsulite podem ocorrer após um traumatismo, após tempo prolongado de abertura bucal

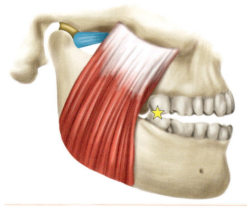

◀ **Figura 3.10** Estimulação do músculo pterigoideo lateral superior

ou após um estiramento abrupto na cápsula e nos ligamentos, podendo ainda estar associadas ao deslocamento de disco e à hipermobilidade. A retrodiscite geralmente surge em razão de traumatismo agudo externo no mento ou microtraumatismos de repetição que ocorrem em consequência da perda do suporte molar, ou devido ao deslocamento anterior do disco. Este último cria posteriorização do côndilo, traumatizando os tecidos retrodiscais. Os principais sinais clínicos da retrodiscite são dor constante, sensibilidade à palpação posterior da articulação, maior dor quando se faz lateralidade ipsilateral e mastigação do mesmo lado da lesão, além de edema, que muitas das vezes irá provocar má oclusão.

A ancilose, outra alteração articular que acomete a ATM, é definida como imobilidade ou consolidação em consequência de traumatismo, patologia ou procedimento cirúrgico, podendo ser dos tipos fibrótica ou óssea. Tecidos fibróticos podem aderir à cabeça da mandíbula, ao disco e/ou ao tecido retrodiscal, à fossa ou ao tubérculo articular, criando imobilidade da articulação, evento que denominamos ancilose fibrótica. São várias as causas que a provocam, porém a mais comum ocorre após a formação de um hematoma secundário decorrente de cirurgia, traumatismo ou ainda extensão da sinóvia. Adesões articulares provocadas muitas vezes por sobrecarga na ATM, devido a apertamento, também podem provocar ancilose fibrótica. O quadro clínico desse tipo de ancilose frequentemente lembra o deslocamento de disco sem redução. Assim, ocorrem amplitude limitada de abertura, desvio ipsilateral e movimento reduzido contralateral, em geral ocasionando dores, provavelmente em virtude de tensão ligamentar. Outro tipo de ancilose é a óssea, provocada pela proliferação de células ósseas, que causam união de estruturas rígidas da ATM, resultando em completa imobilidade articular. Clinicamente, ela se assemelha à ancilose fibrótica, e o diagnóstico diferencial é feito por meio de exames complementares.

Alguns defeitos na superfície articular, tanto do compartimento inferior quanto do superior, poderão ser a causa de distúrbios articulares. Em geral, os defeitos que necessitam de tratamento ocorrem no compartimento superior e limitam o movimento translatório normal. Esses defeitos articulares podem ser causados por traumatismos na mandíbula, quando os dentes estão separados, por inflamações, anomalias estruturais ou remodelações fisiológicas relacionadas com cargas adversas. Geralmente, essas alterações não provocam dor, porém ocorre um leve desvio do padrão interincisal, com um clique durante os movimentos de abertura e fechamento no mesmo ponto. Isso se diferencia do deslocamento do disco, quando o clique ocorre em posições diferentes na abertura e no fechamento.

Outra alteração na forma que também pode ocorrer na ATM, em consequência de sobrecarga na articulação enquanto os dentes estão juntos, é o afinamento e até mesmo a perfuração na região central do disco, fato muito comum em indivíduos mais idosos. As manifestações clínicas surgidas nesse evento são ruídos do tipo crepitação e outros sons desconfortáveis durante a translação. A dor geralmente aparece na fase inicial, podendo diminuir com o aumento da lesão. Há também a possibilidade de aumento da sensibilidade e dor muscular (relacionados com a causa da lesão), assim como má oclusão, no caso da presença de fragmentos do disco entre as superfícies articulares.

O deslocamento do complexo condilodiscal é uma alteração comumente vista nos portadores de DTM. Também chamada de "travamento aberto", caracteriza-se pela inabilidade do paciente em fechar a boca após uma ampla abertura bucal, o que ocorre quando a translação do côndilo ultrapassa o limite de abertura – a eminência articular –, luxando a articulação. Pacientes com hipermobilidade são as maiores vítimas, mas a lesão pode também surgir espontaneamente depois de um bocejo ou uma prolongada abertura da boca, como nas extrações do terceiro molar, nas intubações endotraqueais, no tratamento endodôntico de molares e na lesão em chicote. Durante a luxação, o paciente sente forte dor, que piora quando ele tenta fechar a boca, associada a mioespasmo dos músculos elevadores e má oclusão aguda.

Distúrbios Musculares

A dor de origem muscular é uma forma de dor somática profunda capaz de causar efeitos excitatórios centrais, podendo provocar também efeitos sensórios, motores ou autonômicos. Tais dores apresentam características próprias, como sensibilidade à palpação, além de serem difusas e profundas, limitando os movimentos, alterando a oclusão e apresentando sensação de pressão. Alguns fatores que possivelmente contribuem para esse tipo de distúrbio podem ser tensão emocional, alterações repentinas na oclusão, dores profundas, hiperalgesia do sistema nervoso central (SNC), interpretação errada dos estímulos dolorosos e hiperatividade muscular.

Para muitos autores, o espasmo dos músculos da mastigação é o principal responsável pela sintomatologia dolorosa na DTM, podendo ser provocado por distensões ou fadiga muscular que geralmente surgem em virtude de hiperatividade muscular. Com base na duração, a dor muscular pode ser dividida em crônica ou aguda. Como exemplo de patologias musculares agudas, podemos citar a cocontração protetora, a miosite e o mioespasmo.

A cocontração protetora é uma contração reflexa, involuntária, que envolve o SNC e surge quando há estímulos sensoriais ou dor. Os músculos antagonistas entram em tensão na tentativa de proteger uma área lesionada. Clinicamente, essa contração caracteriza-se por dor leve, restrição no movimento bucal e sensação subjetiva de fraqueza muscular.

O mioespasmo manifesta-se como contração tônica involuntária súbita de um músculo ou um grupamento muscular induzida pelo SNC, no caso da presença de metabólitos dentro do tecido muscular, e é causado por uso excessivo, estiramento ou alongamento de músculos previamente enfraquecidos pela cocontração protetora, como em aberturas bucais sustentadas, após dores somáticas profundas e efeitos excitatórios centrais. Clinicamente, o espasmo muscular, em geral, é conhecido como câimbra, e surgem restrições nos movimentos mandibulares, normalmente acompanhadas de rigidez muscular, podendo a dor ser difusa ou aguda lancinante.

A miosite é a inflamação de um músculo resultante de causa local e específica, podendo ser provocada por traumatismos externos, estiramento ou infecções. Os casos de contração protetora e mioespasmos graves e prolongados provavelmente evoluirão para a miosite. Clinicamente, surgem dor, edema e músculos doloridos à palpação. Caso a miosite persista, a inflamação resultante poderá ocasionar cicatrizes fibrosas, levando a uma contratura muscular, ou seja, um distúrbio muscular crônico.

Os distúrbios musculares crônicos que podem surgir são: dor miofascial, contraturas musculares e fibromialgia.

A dor miofascial é uma condição miogênica regional caracterizada por áreas locais de bandas tensas do tecido muscular, dos tendões ou dos ligamentos. Essas bandas tensas são conhecidas como pontos gatilhos ou *trigger points*. O *trigger point* é um nódulo que apresenta, em geral, temperatura elevada e é formado por contração excessiva e sustentada dos músculos, o que fatalmente leva à falta de irrigação adequada do tecido e, por consequência, à falta de O_2, diminuindo a produção de adenosina trifosfato (ATP). Dessa maneira, a actina não se desprega da miosina, dando origem a esses nódulos, que, quando pressionados, provocam dores a distância e representam uma das manifestações clínicas mais comuns das disfunções cervicocraniomandibulares.

A Figura 3.11 mostra alguns músculos que, com frequência, apresentam pontos gatilhos e os locais onde as dores surgem quando estes nódulos são pressionados. A dor miofascial é causada, na maioria das vezes, por uma fonte contínua

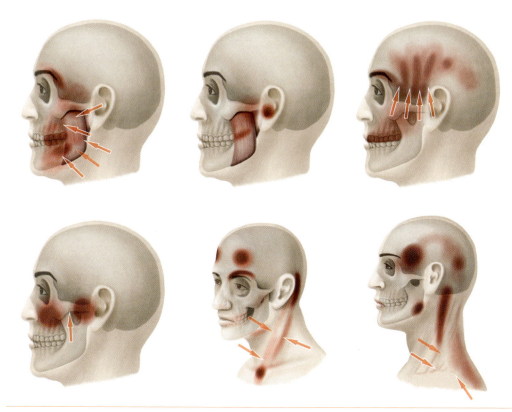

◤ **Figura 3.11** Mapa de pontos gatilhos. As setas correspondem aos locais da palpação, e os pontos em vermelho, às áreas de dor relatadas

de dor profunda, estresse emocional, presença de transtorno do sono, má postura, hábitos parafuncionais excessivos, fadiga, avitaminoses, infecções e mecanismos idiopáticos.

A contratura é um encurtamento do comprimento de repouso do músculo, que não interfere na habilidade de sua contração, representando uma forma de hipomobilidade crônica mandibular. Ela pode ser dividida em mioestática e miofibrótica. A contratura mioestática ocorre quando o músculo é mantido em estado parcialmente contraído, sem relaxamento por longo período. Enquanto isso, a contratura miofibrótica se dá quando ocorre excessiva aderência tecidual dentro do músculo ou do revestimento. Tanto a contratura mioestática quanto a miofibrótica apresentam limitação do movimento de abertura sem dor associada à deflexão, sendo os movimentos de protrusão e lateralidade normais. A dor pode aparecer somente quando a abertura é forçada além da capacidade de alongamento do músculo.

A fibromialgia é uma doença generalizada e sistêmica de tecidos moles, caracterizada por dor em todo o corpo, especialmente nas regiões musculares onde exista sobrecarga. A dor pode surgir mesmo em repouso e piora com a função, sendo espalhada e acompanhada por pontos sensíveis reprodutíveis em locais anatômicos específicos, com possibilidade do surgimento nesta patologia de parestesias, cefaleia tensional, fadiga e transtorno do sono, entre outros desconfortos.

◢ Respiração *Versus* ATM

Deve-se observar que os indivíduos respiradores bucais apresentam alterações oclusais graves, assim como assimetria significativa no desenvolvimento de músculos faciais e nos ossos do nariz e da face, manifestando sinais clássicos que afetam diretamente o funcionamento da cervical e da ATM, como palato profundo e ogival, hipodesenvolvimento mandibular e dos seios maxilares, face alongada, alteração no comprimento dos lábios, estreitamento maxilar e alterações posturais (p. ex., ombros protraídos e caídos, escápula alada, protrusão de cabeça, hiperlordose cervical e abaixamento mandibular com anteriorização e inferiorização da língua).

Na avaliação, portanto, temos de estar atentos a indivíduos que apresentem problemas respiratórios de longa data, os quais porventura possam ter obstruções na passagem do ar pelo nariz, encaminhando-os, nesses casos, a outros profissionais da equipe multidisciplinar habilitados para diagnosticar este tipo de alteração clínica. Vários estudos ainda apontam que o bruxismo pode surgir também em consequência da obstrução das vias respiratórias, fato que pode ocorrer na infância e continuar na vida adulta.

Outro fato que devemos estar atentos com relação à respiração é a maneira como nosso paciente respira e qual padrão adota. Convém enfatizar em nosso tratamento o padrão diafragmático, pois o padrão apical que é comumente visto em portadores de DTM, perpetua a ação dos músculos anteriores cervicais, acessórios da respiração, mantendo uma tensão anormal sobre a cadeia anterior e consequentemente tensões indiretas sobre os músculos da mastigação. Logo, o trabalho de orientação e treinamento do padrão diafragmático deve ser incluído o mais breve possível no programa de reabilitação.

Relação do Controle Motor com a ATM

O controle motor envolve mobilidade, força, estabilidade e equilíbrio relativo ao local em que o indivíduo se encontra no espaço, o que podemos também chamar de propriocepção. Os centros superiores onde se tem o maior fluxo de entrada e saída de informações proprioceptivas do corpo e onde se ajusta o controle motor está localizado no cerebelo, que fica logo abaixo do lobo occiptal e é derivado do metencéfalo. Neste, deriva-se também outra estrutura do tronco cerebral, a ponte, que por sua vez inerva a articulação temporomandibular. Partindo do princípio que estruturas inervadas juntas se ativam juntas, quando se tem qualquer falha no controle motor a nível do cerebelo, existe uma transmissão direta para ponte e consequentemente para a ATM. Logo, falhas no controle motor em outras partes do corpo ou na cadeia cinética podem levar a compensações na ATM. Por isso, o terapeuta deve estar ciente deste fato e entender que desequilíbrios musculares principalmente em glúteos, abdominais e flexores profundos da cervical ou, ainda, disfunções do assoalho pélvico, assim como desequilíbrios respiratórios, podem alterar significativamente o controle motor e, consequentemente, o funcionamento da ATM.

4

Avaliação das Disfunções Cervicocraniomandibulares

📋 Tópicos Abordados

✓ Anamnese específica das DCCM.
✓ Exame físico específico da ATM e dos músculos faciais e cervicais.
✓ Exame físico específico da cervical e da ocular.

Introdução

A avaliação do paciente com disfunção cervicocraniomandibular (DCCM) não é tarefa fácil, já que se trata de uma patologia com sintomas diversificados e etiologia multifatorial. Por isso, o profissional que pretenda se especializar nessa área deve ser muito observador e criterioso ao analisar a queixa do paciente. Outro fator que não deve ser desprezado é a visão global do indivíduo, já que nessa patologia a causa pode estar em uma área muito distante do local onde se manifestam os sintomas.

Na maioria das vezes, o diagnóstico correto nas DCCM é demorado, porque o paciente, sem saber a quem recorrer, consulta-se com vários especialistas, como neurologistas, otorrinolaringologistas, ortopedistas, cirurgiões bucomaxilofaciais, dentistas e, muitas vezes, por último, fisioterapeutas. Entendemos que os profissionais com maior chance de ajudar pessoas com sintomas de DCCM são os fisioterapeutas, os ortodontistas e os cirurgiões bucomaxilofaciais, sendo a integração destes um grande avanço em tal área. Nos Estados Unidos, após estudos de longo prazo dos músculos e da articulação, verificou-se que ocorreram mais de 80% de procedimentos bem-sucedidos quando o tratamento foi feito com fisioterapia, uso medicamentoso e aparelhos ortodônticos.

Ao final deste capítulo, aprenderemos a avaliar minuciosamente essa disfunção, com o intuito de elaborar um programa bem-sucedido de tratamento ou verificar a necessidade de encaminhamento para outro profissional da equipe multidisciplinar.

Anamnese
Dados Pessoais

Durante a anamnese do paciente, iremos captar valiosas informações, que nos ajudarão na conclusão do diagnóstico e na elaboração do tratamento. Em geral, o paciente com DCCM chega até nós com diversas queixas e relatando as inúmeras desilusões que teve em termos de diagnósticos e tratamentos do seu caso.

Iniciamos a anamnese anotando os dados pessoais, como nome, endereço, telefone, profissão, e se veio encaminhado por outro profissional; se for este o caso, anotamos seu nome e seu telefone para futuros contatos.

A profissão mostra-se um dado importante, porque muitas vezes é ela a causa de estresse contínuo, alteração postural e sobrecarga articular. Profissionais com maior exigência do nível de atenção, com pouco descanso, como médicos, policiais e executivos, por exemplo, podem apresentar elevado grau de estresse, que é um importante fator causal dessa disfunção. Já profissionais braçais ou que utilizam demasiadamente computador e outros objetos que criam alterações posturais e hiperatividade da articulação temporomandibular (ATM), como analistas de sistema, secretárias, violinistas, locutores e cantores, entre outros, podem desenvolver DCCM ou ainda agravar uma lesão preexistente.

Queixa Principal

Geralmente, na DCCM, a queixa principal nunca é única, envolvendo muitas outras, que devem ser organizadas de modo decrescente em um número máximo de quatro. Esse tipo de classificação facilita nosso trabalho, pois demonstra quais são os principais acometimentos que mais incomodam o paciente e quais tecidos estariam mais comprometidos.

História Patológica Pregressa

Patologias preexistentes, como doenças reumáticas (artrite psoriática, artrite reumatoide, fibromialgia etc.), doenças psiquiátricas (depressão, síndrome do pânico, transtornos de ansiedade etc.), transtornos do sono, traumatismos físicos passados, distúrbios metabólicos e hormonais, assim como infecções e problemas nutricionais, podem ser também causas ou fatores perpetuantes da DCCM.

Tratamentos Odontológicos ou Faciais

Convém saber quais tratamentos odontológicos o paciente realizou e a quais ainda está sendo submetido, pois frequentemente a DCCM é provocada após um tratamento dentário. O paciente deve ser questionado se realizou algum tratamento que o obrigou a manter a boca aberta por longo tempo, se teve elementos dentários extraídos, se colocou alguma prótese ou teve obstruções recentes, se fez restauração, se faz uso de dispositivo interoclusal (placa) ou se já fez tratamento ortodôntico ou de implantodontia, cirurgia ortognática ou qualquer cirurgia ou tratamento na face, inclusive estético.

Questionário-padrão

Por meio do questionário-padrão, podemos adquirir informações sobre hábitos parafuncionais, sociais e estado emocional do paciente, que podem ser fatores etiológicos da DCCM (Tabela 4.1).

Exame Físico
Inspeção

Durante a inspeção, verificamos a presença de sinais flogísticos, como hiperemia ou edema; assimetrias faciais, como hipertrofias musculares,

Tabela 4.1 Modelo de questionário-padrão

Informações	Sim	Não
Vocêr range ou aperta os dentes?	( )	( )
Sabe se tem bruxismo?	( )	( )
Tem mania de morder unhas, caneta ou outros objetos?	( )	( )
Faz uso prolongado de telefone ou computador?	( )	( )
Costuma comer alimentos duros?	( )	( )
Mastiga os alimentos apenas em um dos lados da boca?	( )	( )
Está estressado ou se considera estressado?	( )	( )
Teve alguma mudança em sua vida atualmente?	( )	( )
Dorme bem?	( )	( )
Ao acordar, sente que os músculos da face estão cansados?	( )	( )
Você saberia dizer qual é a causa do seu problema?	( )	( )
Você é tabagista ou etilista?	( )	( )

deformidades ósseas, cicatrizes e lábio superior curto, entre outras alterações (Figuras 4.1 e 4.2).

Avaliação Funcional da Articulação Temporomandibular

Na avaliação funcional da ATM, avaliamos os movimentos mandibulares, verificando a amplitude de cada um, e se eles são acompanhados de dor ou desvios (especificando-os).

Para verificar a amplitude de cada movimento mandibular, utilizamos preferencialmente um paquímetro. Para encontrar a amplitude de abertura máxima (Figura 4.3), pedimos ao paciente que realize uma abertura máxima e medimos a distância desde os incisivos superiores até os incisivos inferiores. Depois, somamos a medida do *overbite* que corresponde ao entrepasse vertical da arcada superior sobre a inferior. Para encontrar a amplitude de protrusão (Figura 4.4), devemos inicialmente

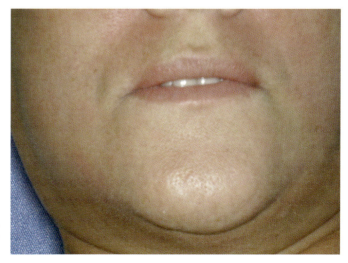

◀ **Figura 4.1** Paciente com lábio superior curto

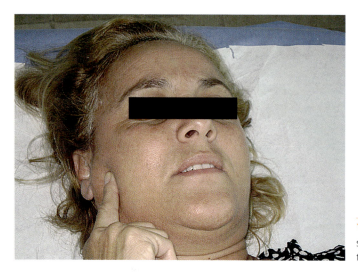

Figura 4.2 Pacientes com lábio superior curto apresentam dor facial típica abaixo do arco zigomático

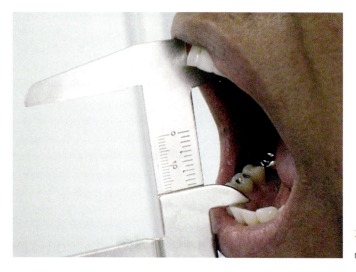

Figura 4.3 Avaliação da abertura máxima

conhecer a medida do *overjet* que corresponde ao entrepasse horizontal. Em seguida, pedimos que o paciente execute um movimento de protrusão a partir da posição neutra e medimos a distância da arcada superior até a inferior, e ao final somamos a medida do *overjet*. Já para encontrar a amplitude do movimento de lateralidade, devemos inicialmente traçar uma linha que passe no meio dos incisivos superiores, marcando no dente da arcada inferior o ponto onde essa linha foi projetada. Em seguida, pedimos ao paciente que realize uma incursão lateral e medimos a distância desde o meio dos incisivos superiores até a marca no dente inferior, lembrando que a avaliação deve ser feita bilateralmente (Figura 4.5).

A Tabela 4.2 apresenta como devem ser organizados os dados referentes à avaliação funcional da ATM.

Para facilitar a coleta de dados e visualizar mais facilmente os desvios da linha média, e em que amplitude de movimento eles ocorrem, fazemos um desenho esquemático no qual uma linha vertical,

Avaliação das Disfunções Cervicocraniomandibulares 47

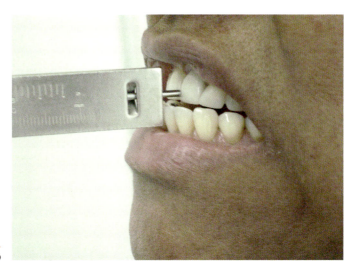

Figura 4.4 Avaliação da protrusão

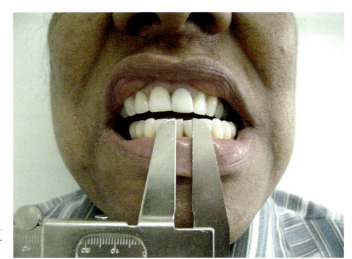

Figura 4.5 Avaliação da lateralidade

Tabela 4.2	Modelo para organização dos dados da avaliação funcional		
Informações	**Dor**	**Desvio**	**Especificar:**
Abertura máxima: (___mm)	( )	( )	_____
Protrusão: (___mm)	( )	( )	_____
Informações			**Dor**
Lateralidade direita: (___mm)			( )
Lateralidade esquerda: (___mm)			( )

que representa o movimento de abertura e fechamento, cruza-se com uma linha horizontal, que representa o movimento de lateralidade (Figura 4.6).

Avaliação dos Ruídos Articulares

Os ruídos articulares mais frequentes são o clique (estalido) e a crepitação, sendo que o clique, em geral, representa o deslocamento do disco articular. Enquanto isso, a crepitação refere-se a processos degenerativos. Os ruídos articulares são sinais importantes, pois nos indicam o grau de comprometimento dos tecidos articulares, assim como nos dão indícios quanto ao prognóstico ser bom ou ruim ou ainda se estamos diante de uma alteração articular aguda ou crônica. Podemos avaliar os ruídos palpando com o dedo indicador a articulação (Figura 4.7) ou realizando a ausculta com a utilização de um estetoscópio.

Os ruídos devem ser investigados durante a execução de todos os movimentos mandibulares, já que podem surgir em um movimento ou em todos. Além disso, é importante verificar em que ponto da amplitude desse movimento eles ocorreram, pois, quando isso se dá no início da abertura, o prognóstico é melhor do que quando acontecem no final.

A Tabela 4.3 mostra como devem ser organizados os dados referentes à avaliação dos ruídos articulares.

Palpação Articular e Muscular

Na palpação, verificamos a mobilidade do côndilo, a presença de tensão nos músculos da face e cervical, deformidades ósseas, dores em tecidos moles articulares da ATM e das vértebras cervicais, dores musculares locais ou dores irradiadas por *trigger points*, alterações de temperatura, alterações de sensibilidade etc.

A articulação deve ser palpada com o dedo indicador sobre o côndilo. Realizamos a palpação estática e dinamicamente, observando hipo- ou hipermobilidade da articulação, além de dor ou deformidades do contorno (Figura 4.7).

Vários músculos são avaliados com palpação da cervical e da face, que são fontes de dor, espasmo e de *trigger points*, além de estarem diretamente relacionadas com a dinâmica craniovertebral e temporomandibular (Figuras 4.8 a 4.24). Devemos pontuar por meio de uma escala de dor, para avaliarmos a intensidade do quadro álgico, se há dor irradiada e em que local ela ocorreu.

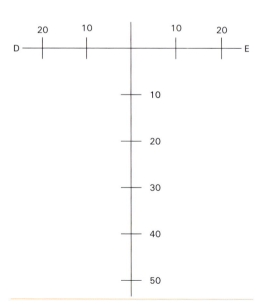

◤ **Figura 4.6** Métodos de visualização de desvios da linha média

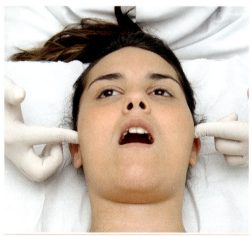

◤ **Figura 4.7** Avaliação do ruído por meio da palpação articular e do ponto de avaliação do movimento condilar

Avaliação das Disfunções Cervicocraniomandibulares **49**

Tabela 4.3	Modelo para organização dos dados da avaliação dos ruídos articulares	
Estudo da abertura	**ATM direita**	**ATM esquerda**
Inicial (0 a 15mm)	( )	( )
Intermediária (16 a 30mm)	( )	( )
Tardia (31 a 50mm)	( )	( )
Crepitação	( )	( )
Estudo do fechamento	**ATM direita**	**ATM esquerda**
Inicial (50 a 31mm)	( )	( )
Intermediária (30 a 16mm)	( )	( )
Final (15 a 0mm)	( )	( )
Crepitação	( )	( )
Estudo da protrusão	**ATM direita**	**ATM esquerda**
	( )	( )
Estudo da lateralidade	**ATM direita**	**ATM esquerda**
Lateralidade para a direita	( )	( )
Lateralidade para a esquerda	( )	( )

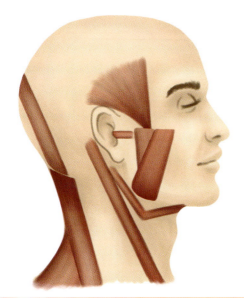
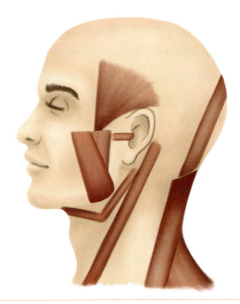

◀ **Figura 4.8** Mapa de palpação muscular

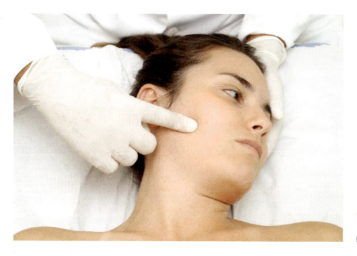

◣ **Figura 4.9** Palpação extraoral do masseter superficial

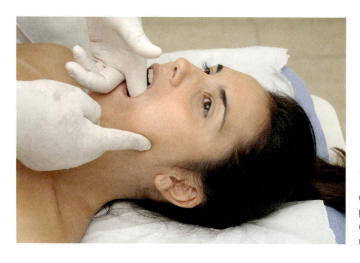

◣ **Figura 4.10** Palpação intraoral do masseter. A palpação da porção profunda é mais posterior ao ponto da porção superficial, demonstrado na figura

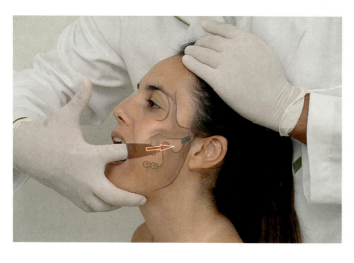

◣ **Figura 4.11** Palpação da zona pterigóidea. A seta indica o local da palpação

Avaliação das Disfunções Cervicocraniomandibulares 51

▼ **Figura 4.12** Palpação dos temporais

▼ **Figura 4.13** Palpação dos hióideos

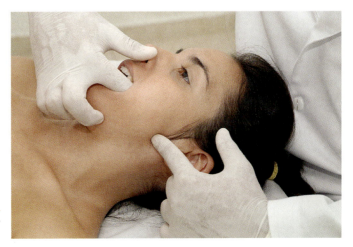

▼ **Figura 4.14** Palpação do pterigóideo medial

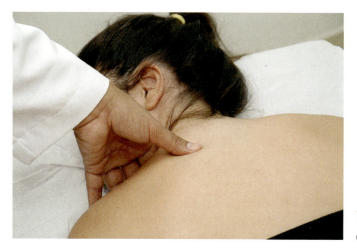

Figura 4.15 Palpação do elevador da escápula

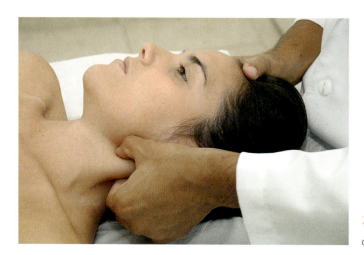

Figura 4.16 Palpação do esternocleidoccíptomastóideo (ECM)

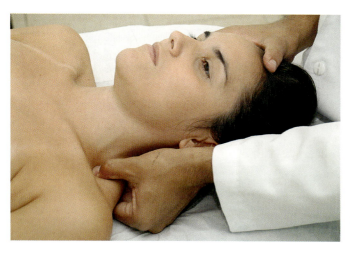

Figura 4.17 Palpação do trapézio superior

◤ **Figura 4.18** Palpação dos paravertebrais

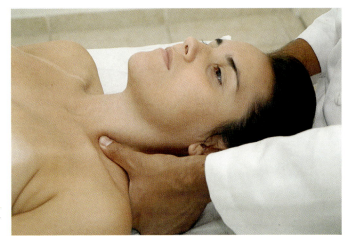

◤ **Figura 4.19** Palpação dos escalenos

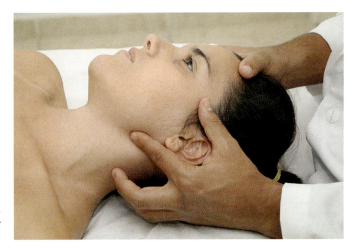

◤ **Figura 4.20** Palpação do digástrico posterior

◥ **Figura 4.21** Palpação do digástrico anterior

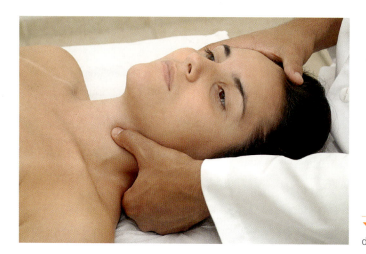

◥ **Figura 4.22** Palpação no longo do pescoço

◥ **Figura 4.23** Palpação dos suboccipitais

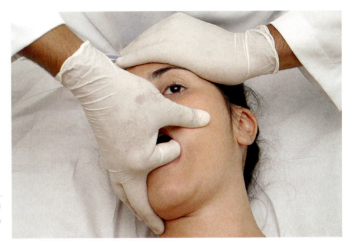

Figura 4.24 Palpação intraoral do tendão do temporal sob o processo coronoide

Exame Muscular Específico

Deve-se utilizar a seguinte escala:
- **0**: sem dor.
- **1**: dor leve.
- **2**: dor moderada.
- **3**: dor intensa.
- **4**: presença de *trigger point* (especificando local da dor irradiada).

A Tabela 4.4 mostra como devem ser organizados os dados referentes ao exame muscular específico.

Exame de Mobilidade do Hioide

Verificar a mobilidade do osso hioide é um dado imprescindível em nossa avaliação, já que a perda de sua mobilidade pode alterar o equilíbrio cervicocraniomandibular, a deglutição e o funcionamento do sistema estomatognático como um todo (Figura 4.25).

Avaliação Específica da Cervical

Inspeção

O exame minucioso da cervical é extremamente importante, já que encurtamentos musculares, desvios ósseos, hipomobilidades articulares, calcificações de estruturas nobres e compressões nervosas serão inúmeras vezes a causa de DCCM e dores orofaciais. Desse modo, para se obter um tratamento eficaz, convêm inicialmente uma avaliação precisa das peças ósseas que formam a cervical, principalmente a cervical alta. Veja adiante alguns testes específicos de avaliação.

Com o terapeuta à frente e o paciente na posição sentada, observar se há inclinação ou rotação de cabeça, o que sugere alterações altas (Figura 4.26).

Avaliação cinemática cervical

- Solicitamos ao paciente movimentos ativos de flexão e extensão (Figura 4.27) e observamos se eles são puros e suaves ou acompanhados de inclinação ou rotação da cabeça, o que sugere alterações de deslizamento entre as facetas ou as rotações vertebrais. Observamos também nessa avaliação se surgem sintomas ou outras alterações funcionais durante a flexão de cervical, o que sugere lesões nos segmentos superiores. Enquanto isso, sintomas e alterações funcionais durante a extensão indicam lesões provavelmente na transição cervicotorácica. Dificuldades nos movimentos de rotação anterior do crânio sobre o cervi-

Tabela 4.4	Modelo para organização dos dados do exame muscular específico		
		Direito	Esquerdo
Masseter superficial		( )	( )
		( )_____	
Masseter profundo		( )	( )
		( )_____	
Temporal		( )	( )
		( )_____	
Tendão do temporal		( )	( )
		( )_____	
Zona pterigóidea		( )	( )
		( )_____	
Pterigóideo medial		( )	( )
		( )_____	
Aponeurose bucinofaríngea		( )	( )
		( )_____	
ECM		( )	( )
		( )_____	
Trapézio superior		( )	( )
		( )_____	
Escalenos		( )	( )
		( )_____	
Elevador da escápula		( )	( )
		( )_____	
Digástrico posterior		( )	( )
		( )_____	
Digástrico anterior		( )	( )
		( )_____	
Suboccipitais		( )	( )
		( )_____	
Longo do pescoço		( )	( )
		( )_____	
Semiespinal		( )	( )
		( )_____	
Hióideos		( )	( )
		( )_____	

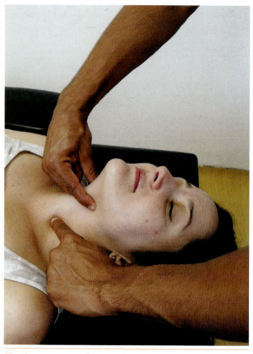

◣ **Figura 4.25** Palpação do osso hioide para verificar a mobilidade

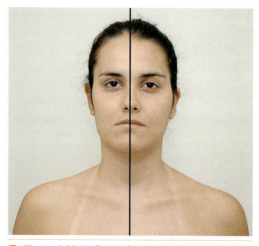

◣ **Figura 4.26** Avaliação da postura da cervical

cal podem indicar um deslize anterior de C1, enquanto dificuldades para rotação posterior, deslize posterior de C1.

- Solicitamos ao paciente que realize ativamente movimentos de rotação e, logo após, lateroflexão na cervical bilateralmente, observando se ocorre restrição de movimentos para um lado ou para outro. Restrições no movimento de rotação podem indicar rotação vertebral para o lado com maior arco de movimento, enquanto restrições na lateroflexão podem sugerir alterações musculares dos músculos anterolaterais do pescoço ou alterações facetárias, principalmente na terceira vértebra cervical (Figuras 4.28 e 4.29).

- Se combinarmos agora os movimentos de rotação com flexão para um lado e depois para o outro e percebermos restrição em um dos lados, provavelmente está ocorrendo uma rotação de C1 sobre C2 para o lado contrário (mais móvel), fato que pode levar ao maior contato dentário em um dos lados. Por exemplo: se o paciente realiza rotação associada à flexão e apresenta restrição para a esquerda e liberdade de movimento para a direita, julgamos que exista uma rotação de C1 à direita e um maior contato dentário à esquerda.

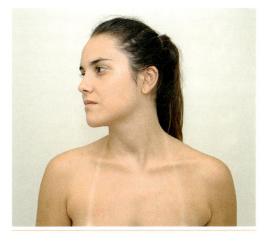

◤ **Figura 4.28** Rotação vertebral ativa

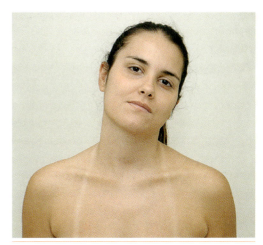

◤ **Figura 4.29** Lateroflexão ativa

Palpação Cervical

- O paciente deve ficar em decúbito dorsal, com o terapeuta à sua retaguarda. O segundo e o terceiro dedos são colocados no processo transverso de C3 e aí fixados; com a outra mão espalmada na cabeça, faz-se o movimento de inclinação (lateroflexão) para o lado que está sendo testado, e, em seguida, com os mesmos dedos, empurra-se o processo transverso para o lado oposto. Caso se perceba na palpação hipomobilidade na vértebra testada, configura-se um bloqueio articular, o que limita a inclinação (Figura 4.30).

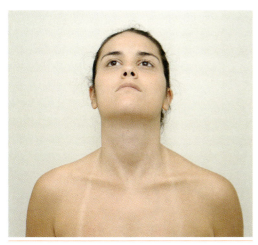

◤ **Figura 4.27** Movimentos ativos de flexão e extensão

▼ **Figura 4.30** Avaliação por meio de palpação do processo transverso na inclinação

- Para verificarmos a mobilidade entre as vértebras ou as sintomatologias cervicais, o paciente é colocado em decúbito ventral, com os braços abduzidos, os cotovelos flexionados, as mãos posicionadas uma sobre a outra, os polegares abertos, a testa posicionada em suas mãos e o nariz entre os polegares. A posição do terapeuta é na cabeceira da maca, à frente da cabeça do paciente, com seus polegares unidos em suas regiões dorsais, forçando suavemente o processo espinhoso no sentido posteroanterior, avaliando se a vértebra se movimenta ou não, ou ainda se o paciente apresenta alguma sintomatologia, como dor ou desconforto. Em seguida, no mesmo nível vertebral e com os polegares na mesma posição, estes são deslizados lateralmente até o processo articular, pesquisando-se também a mobilidade vertebral ou os sintomas locais ou irradiados para os membros superiores (Figuras 4.31 a 4.34).

▼ **Figura 4.31** Posição do paciente

Avaliação das Disfunções Cervicocraniomandibulares 59

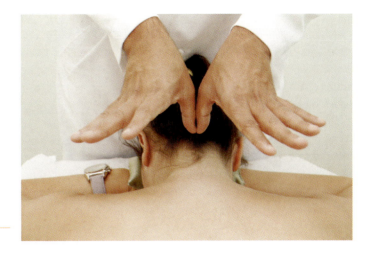

◣ **Figura 4.32** Posição dos dedos

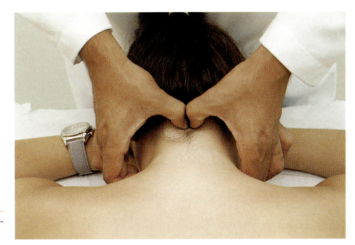

◣ **Figura 4.33** Palpação posteroanterior sobre os processos espinhosos

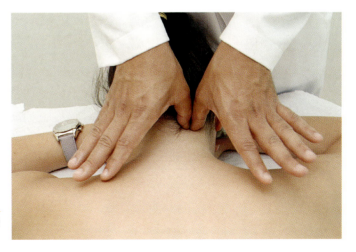

◣ **Figura 4.34** Palpação lateral sobre a faceta articular

Avaliação Ocular

As alterações nos músculos dos olhos podem levar a outras na cervical alta. Quando por exemplo temos uma divergência ocular para um lado, haverá uma rotação de cabeça contralateral, fato que consequentemente poderá alterar a posição de C1 e do côndilo mandibular. Isso porque, no lado em que a vertebra roda, posteriormente ocorrerá uma projeção do côndilo homolateral também posteriormente. Para testarmos estas alterações oculares, realizamos o teste de convergência, o qual consiste em o indivíduo fixar os olhos na ponta de uma caneta e aproximá-la lentamente até a ponta do nariz, verificando se os dois olhos convergem juntos. Se isso não acontece, estamos diante de uma alteração ocular que deve ser tratada, já que poderá estar perpetuando alterações biomecânicas na ATM.

Uma medida simples para amenizar estas alterações oculares é prescrever exercícios diários ao paciente, orientando que seus olhos foquem na ponta da caneta, aproximando e afastando a mesma da ponta de seu nariz e em seguida levando-a para o sentido inferossuperior e depois laterolateral, realizando essa sequência de exercícios por aproximadamente 3min.

5

Tratamento do Complexo Craniovertebral

Tópicos Abordados

- Terapia manual do complexo craniovertebral.
- Tratamento para retificação cervical.
- Tratamento para hiperlordose cervical.
- Tratamento para rotação vertebral e inclinação.
- Tratamento para hipercifose torácica.
- Tratamento de ganho de mobilidade de C0-C1 e C1-C2 e cervical baixa.
- Técnica cervical global de quiropraxia.

Introdução

O perfeito funcionamento da articulação temporomandibular (ATM) depende em muito do equilíbrio do complexo craniovertebral, como já visto nos capítulos anteriores. Devemos ter em mente que o occipital se interliga com as vértebras C1 e C2 por meio de vários ligamentos, como os alares e os atlanto-occipitais, entre outros, e que qualquer alteração biomecânica nessas vértebras levará à alteração na posição do occipital e, em consequência, na posição do temporal, que é o ponto fixo da ATM. Esse evento poderá causar desequilíbrios não só na própria ATM, como também na oclusão dentária. Assim, aconselhamos iniciar o tratamento das disfunções dessa articulação pela coluna cervical alta, restabelecendo primariamente a artrocinemática dos segmentos C0-C1, C1-C2 e C2-C3.

Veremos também neste capítulo que as alterações posturais na coluna cervical e dorsal, como retificação cervical, hiperlordose cervical e hipercifose torácica, além de alterações na cintura escapular, ocasionam alterações no funcionamento da articulação temporomandibular e consequentemente desencadeiam a má oclusão. Assim, são necessários uma avaliação postural correta e um tratamento de terapia manual e reeducação postural eficaz para o restabelecimento do equilíbrio deste complexo.

Cerca de 50% da movimentação da coluna cervical ocorre nas articulações occipitoatlóidea e atloideoaxóidea, e os outros 50%, abaixo da C3. Como os pacientes com DTM apresentam, em geral, hipomobilidade de cervical alta e hipermobilidade de cervical baixa por uma série de fatores já citados anteriormente, terão, frequentemente, a chamada síndrome vertebrobasilar, resultante de compressões na passagem de estruturas vasculares nobres nos forames transversos. Tal fato poderá desencadear sintomas desagradáveis ao paciente, como vertigens, náuseas, tonteiras e, às vezes, desmaios. Além disso, outro sintoma comum que acompanha a hipomobilidade na região cervical alta são as cefaleias, provocadas por compressão de vasos e nervos suboccipitais na região do "trígono occipital" ou alterações na circulação do liquor. Já a hipermobilidade em cervical baixa, em contrapartida, ocasionará alterações degenerativas, como artrose, protusões e hérnias discais, que levam a quadros de cervicalgias agudas ou crônicas e cervicobraquialgias, sintomas muito comuns em pacientes com disfunção da ATM.

Com relação aos movimentos cervicais, devemos lembrar novamente que o crânio se apoia na coluna cervical e mantém sua sustentação e seu equilíbrio pela atuação dos côndilos do occipital na articulação occipitoatlóidea. Essa sustentação depende primordialmente da ação em conjunto de músculos agonistas, antagonistas e sinergistas, ou seja, das musculaturas anterior e posterior da cervical, auxiliadas pelos músculos da cintura escapular. Manter o posicionamento correto do crânio não é fácil, pois o peso do complexo mandibular, tendo como agravante a ação da gravidade, leva a cabeça a cair para a frente, o que transforma os músculos posteriores cervicais em potentes antagônicos. Logo, devemos recordar que o tratamento miofascial dos músculos desse segmento e da cintura escapular, abordado no próximo capítulo, é de suma importância no restabelecimento do equilíbrio craniovertebral e na resolução das principais algias cervicais, temporomandibulares e demais algias orofaciais.

Tratamento do Complexo Craniovertebral por Meio da Terapia Manual

As patologias a serem focadas no tratamento, que veremos a seguir, são as que alteram os movimentos fisiológicos da coluna cervical e produzem consequências diretas na ATM e na oclusão dentária.

Primeiramente devemos entender que, durante os movimentos fisiológicos cervicais, já percebemos que ocorrem modificações na posição da ATM e nos contatos dentários, como na inclinação de cabeça para o lado direito. Nela, ocorre um contato prematuro nos dentes do lado esquerdo. Já durante a flexão cervical, há uma diminuição do movimento de abertura de boca, o que faz com que ocorram contatos prematuros mais anteriores. Enquanto isso, durante a extensão cervical, há um aumento da abertura da boca, ocorrendo também contatos prematuros, neste caso mais posteriores (Figuras 5.1 a 5.3). Visto esta relação natural que existe entre a posição de cabeça, a oclusão e a posição das ATMs, fica claro afirmar que hábitos contínuos que criem discrepâncias alterando a flexão, a extensão e a laterofleção devem ser avaliados e tratados.

Técnicas de Mobilização para Ganho de Mobilidade Cervical Alta e Baixa

As técnicas preconizadas por Maitland apresentam excelentes resultados para melhorar a mobilidade articular e a diminuição de quadro álgico. Elas preconizam a ação dos movimentos acessórios para restaurar os fisiológicos. Podem ser aplicadas em cinco graus de movimento. O grau I é realizado de maneira muito suave, com pouca intensidade, fora da resistência dos tecidos (R1), de modo ritmado e acelerado, tendo como objetivo diminuir o quadro álgico e o espasmo muscular. O grau II tem o mesmo objetivo do grau I, com a técnica sendo aplicada de modo mais lento e com aumento na intensidade da pressão. O grau

Tratamento do Complexo Craniovertebral **63**

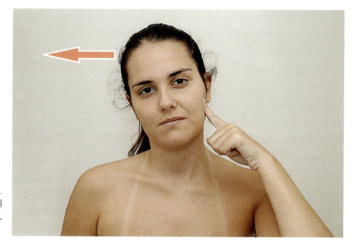

◤ **Figura 5.1** Inclinação da cervical para o lado direito, promovendo contato prematuro contralateral

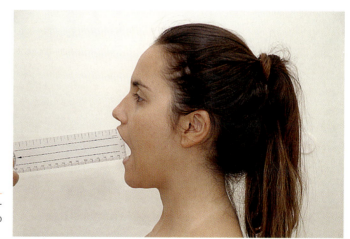

◤ **Figura 5.2** Diminuição da abertura bucal em pacientes com retificação cervical

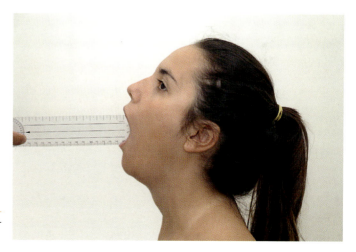

◤ **Figura 5.3** Extensão cervical e aumento da abertura bucal

III é realizado com uma intensidade maior, porém com o ritmo mais lento. É uma técnica utilizada em quadro álgico de menor intensidade. Os graus III e IV têm como principal objetivo obter movimentação entre as vértebras, principalmente nos casos de rigidez no início e no fim do arco de movimento (ADM) (dentro do R2). O grau IV realiza oscilações menores, porém com maior pressão sob o segmento tratado, objetivando os casos de rigidez no fim do ADM. Finalmente, o grau V resume-se ao ato de manipulação vertebral. É importante ter em mente que só se pode evoluir de um grau para outro se o paciente não estiver sentindo qualquer dor ou desconforto.

No caso de rotação vertebral, a pressão pode ser feita no processo transverso do lado contralateral à rotação, objetivando aumentar ainda mais esta rotação. Isso provoca a ação do reflexo de estiramento e, consequentemente, o retorno da vértebra à sua posição fisiológica.

As técnicas e aplicações delas são as mais variadas possíveis, porém observa-se maior êxito quando as aplicamos de acordo com o quadro álgico. Em caso de dor em região vertebral central, a manobra deve ser feita em sentido posteroanterior (PA) no processo espinhoso (PA central). Em dores unilaterais, as manobras serão unilaterais e, em dores bilaterais, as manobras serão bilaterais; a manobra deverá ser executada lateralmente ao processo espinhoso (processo articular) (PA unilateral) e ao processo transverso, do lado do quadro álgico.

Além de tais técnicas, utilizamos também manobras específicas de grande eficácia na melhora da mobilidade das articulações occipitoatlóidea (C0-C1) e atloideoaxóidea (C1-C2), preconizadas por outros autores.

Técnica de Deslizamento Posteroanterior

Ao solicitarmos ao paciente que realize o movimento ativo de flexoextensão e observarmos que ele não é suave, mas executado com dificuldade ou ainda com dor, podemos concluir que, em algum nível ou níveis da cervical, está ocorrendo alteração biomecânica, provavelmente do movimento acessório de deslizamento, que precisa ser corrigida ou amenizada, quando descartada a possibilidade de haver componente muscular envolvido.

Aplicação da técnica

O paciente é colocado em decúbito ventral, com os braços abduzidos, os cotovelos fletidos, as mãos uma sobre a outra, os polegares abertos e o nariz entre eles. O terapeuta irá manter os membros superiores firmes, o tronco levemente flexionado, com seus polegares unidos, um ao lado do outro, executando pressão em sentido posteroanterior no processo espinhoso (PA central), imaginando que o deslizamento vertebral deva ser, no máximo, de 2mm (Figuras 5.4 a 5.6).

A movimentação é feita pelo terapeuta com todo o tronco de forma repetitiva em, no máximo, seis séries de 30s a 1min por nível, evitando ou diminuindo o risco de dor provocada pela pressão da pele e da fáscia muscular contra o processo espinhoso. Podemos utilizar, nessa técnica, os quatro primeiros graus de mobilização em sentido crescente, dependendo dos objetivos que queremos alcançar e do conforto do paciente. Após a aplicação da técnica, devemos solicitar ao paciente uma nova movimentação de flexoextensão e avaliar se a dor diminuiu e se a amplitude do movimento aumentou.

Caso os sintomas dolorosos sejam unilaterais ou com irradiação para membros superiores, e durante a avaliação tenham sido observados dor, desconforto ou hipomobilidade na palpação do processo articular, poderemos utilizar a técnica de PA unilateral da mesma maneira que a técnica de PA central.

Técnica de Mobilização para Rotação Vertebral em Decúbito Ventral

Durante a avaliação, se for verificado que na flexoextensão cervical ocorre um movimento de inclinação ou rotação associado, ou ainda se nos

Tratamento do Complexo Craniovertebral

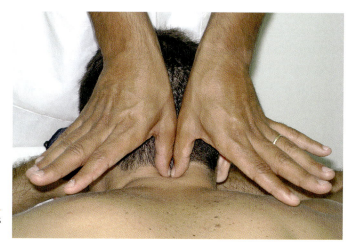

◥ **Figura 5.4** Posição dos polegares no processo espinhoso

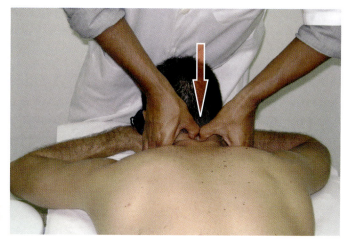

◥ **Figura 5.5** Forma de aplicação da técnica

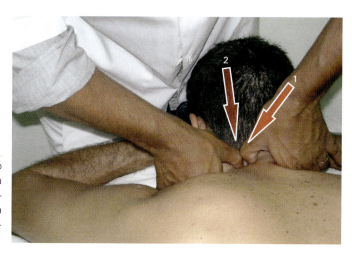

◥ **Figura 5.6** Posição de aplicação da técnica. A seta 1 indica a técnica de correção de rotação sobre o processo transverso. Já a seta 2 indica a técnica de PA unilateral sobre o processo articular

movimentos de rotação e inclinação cervical estes se encontram diminuídos, sugere-se que esteja ocorrendo rotação vertebral, que é confirmada quando, durante a palpação de um segmento vertebral, verifica-se que um processo transverso se apresenta mais profundo, e o outro, mais superficial.

Aplicação da técnica

O posicionamento do paciente e do fisioterapeuta será igual ao da manobra anterior, assim como a posição das mãos e dos polegares. A pressão ou a movimentação serão feitas no processo transverso mais profundo com a mesma intensidade em sentido posteroanterior, de 30 segundos a 1 minuto, com no máximo seis repetições.

O objetivo dessa manobra é forçar ainda mais a rotação vertebral pelo reflexo de estiramento, com a vértebra retornando passivamente à sua posição normal. Após a manobra, pede-se ao paciente que refaça a movimentação, e verifica-se se houve melhora (ver Figura 5.6).

Técnica de Mobilização para Rotação Vertebral em Decúbito Dorsal

Esta técnica tem o mesmo objetivo que a técnica anterior, ou seja, tratar de casos em que ocorra a rotação vertebral. É uma técnica indolor que, se corretamente aplicada, tem resultados bastante satisfatórios.

Aplicação da técnica

Coloca-se o paciente em decúbito dorsal, com os braços do terapeuta levemente abduzidos, com as mãos sustentando a cabeça do indivíduo. O fisioterapeuta deve colocar o dedo indicador exatamente sobre a vértebra rodada e, em seguida, realizar uma leve flexão de cervical. Quando sentir, com o indicador, que a vértebra rodada começou a participar da flexão, deve-se parar e fazer uma leve rotação de cabeça para o lado da rotação vertebral. Então, estabiliza-se a vértebra e aplica-se a mobilização rotacional, pelo mesmo tempo da técnica anterior, observando, durante o movimento, se continua trabalhando do mesmo lado alterado (Figura 5.7).

Técnicas de Cinesioterapia Auxiliar para Melhora da Rotação anterior de Crânio e da Postura da Cintura Escapular

Na maioria das vezes, os pacientes de DTM apresentam disfunções posturais na cervical com perda ou diminuição de sua curvatura, associadas à rotação posterior do crânio e à hipercifose torá-

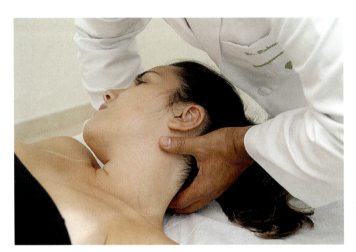

◀ **Figura 5.7** Posição do paciente e das mãos do terapeuta na técnica de rotação

cica. Logo, devemos prescrever exercícios posturais que restabeleçam a curvatura cervical e a rotação anterior do crânio sobre ela, ativamente junto com a cintura escapular, enfatizando principalmente os músculos romboides. Vale ressaltar que ações que estimulem o controle motor e a ativação de glúteos, músculos abdominais, assoalho pélvico e flexores profundos cervicais também devem ser prescritas, já que a fraqueza destes grupamentos pode gerar complicações na ATM, como já explicado no Capítulo 3, *Disfunções da Articulação Temporomandibular*.

Aplicação da técnica 1

Paciente em pé, com braços abduzidos a 90 graus, cotovelos fletidos, e fisioterapeuta à sua frente, com material elástico nas mãos. Pede-se ao paciente que puxe a faixa elástica, fazendo uma abdução horizontal de ombros. As repetições serão determinadas pelo terapeuta de acordo com a resistência do paciente (Figura 5.8).

Aplicação da técnica 2

Este exercício visa a refazer ou aumentar a curvatura cervical (lordose) e fortalecer os paravertebrais.

Coloca-se o paciente em decúbito ventral, com a cabeça para fora da maca, levemente flexionada (solta). Solicita-se o movimento de extensão cervical, utilizando como resistência o próprio peso da cabeça contra a ação da gravidade. As repetições serão determinadas pelo terapeuta de acordo com a resistência do paciente. O paciente deverá estar com rotação anterior de crânio. Em geral, utilizamos este exercício ao final do programa de reabilitação (Figura 5.9).

Aplicação da técnica 3

Outro exercício que trabalha tanto a curvatura (lordose) cervical quanto a musculatura cervical e da cintura escapular. É muito semelhante ao exercício anterior, porém tem o auxílio dos membros superiores, que estarão a aproximadamente 145° de flexão da articulação glenoumeral e realizarão abdução horizontal. As repetições deverão seguir o mesmo critério anterior (Figura 5.10) e, como na técnica anterior, utilizamo-nas também somente ao final do programa de reabilitação, levando em consideração a idade e a capacidade física do paciente.

Técnica de Cinesioterapia para Correção Postural e Estabilização Cervical

Aplicação da técnica

O exercício deve ser realizado em decúbito dorsal, executando-se uma flexão anterior de crânio com pressão do occipito contra a maca, e em se-

▼ **Figura 5.8** Posição da aplicação da técnica. Exercício para fortalecimento dos músculos romboides e paravertebrais

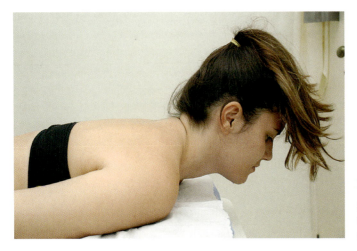

◤ **Figura 5.9** Posição da cabeça do paciente em decúbito ventral. Este exercício objetiva o aumento da lordose cervical

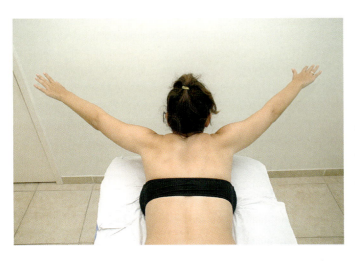

◤ **Figura 5.10** Mesma técnica anterior, trabalhando também os membros superiores. Este exercício objetiva fortalecer o romboide e os paravertebrais, além dos extensores de cervical. A técnica trabalha tanto a diminuição da cifose torácica quanto o aumento da lordose cervical

guida contração isométrica de 6 segundos, com relaxamento de 6 segundos por seis repetições. Esta técnica tem o objetivo de amenizar a hiperlordose cervical, estabilizar as vértebras cervicais e relaxar os músculos cervicais anteriores e posteriores, em especial os músculos suboccipitais que constantemente ficam em tensão em pacientes com retificação cervical. Convém orientar o paciente a não fazer rotação posterior de crânio e não realizar tensão nos músculos anteriores cervicais, enfatizando que as isometrias devem ser suaves (Figura 5.11).

Técnica de Mobilização em Lateroflexão

Esta manobra é realizada quando, durante a avaliação, percebemos que o paciente tem dificuldade em realizar o movimento de lateroflexão (inclinação), sem indícios de que o problema seja de origem muscular.

Aplicação da técnica

Coloca-se o paciente em decúbito dorsal, com a cabeça em posição neutra, com o terapeuta atrás

Tratamento do Complexo Craniovertebral **69**

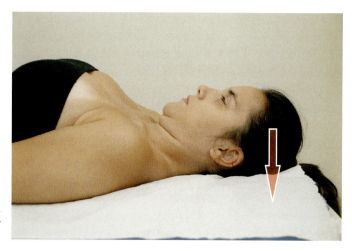

◥ **Figura 5.11** Técnica de estabilização cervical

da cabeça do indivíduo, com seus dedos indicador e médio posicionados no processo transverso do lado da restrição. Executa-se um movimento passivo de lateroflexão ou inclinação cervical para o lado da restrição, associado a uma leve rotação, e em seguida aplica-se pressão na transversa desse lado, forçando um movimento de deslizamento em sentido lateral para o lado oposto.

Deve-se prestar atenção aos segmentos de C2-C3 e C3-C4, são pontos-chave para o movimento de lateroflexão e atuam diretamente na mobilidade da cervical alta. Podem-se realizar seis repetições dessa técnica por duas séries, sempre alongando antes e depois os músculos cervicais (Figura 5.12).

Técnicas para Melhora da Mobilidade da Cervical Alta (C0-C1)

Esta técnica tem como objetivo desbloquear a articulação occipitoatlóidea, liberando principalmente as aderências entre os côndilos occipitais e as facetas superiores laterais do atlas.

Aplicação da técnica

O paciente deve ficar em decúbito dorsal, com o terapeuta atrás de sua cabeça em flexão anterior de tronco, com o dedo indicador e o polegar da mão caudal segurando e estabilizando a C2, e a

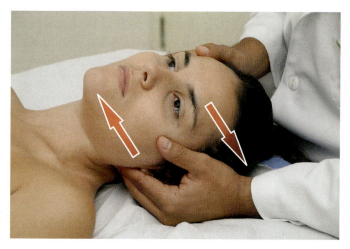

◥ **Figura 5.12** Técnica de lateroflexão

mão cranial na base do occipital, tracionando o crânio em seu sentido e aumentando, assim, o espaço entre os segmentos C0-C1 e C1-C2. Em seguida, o terapeuta apoia a região anterior de seu ombro no frontal do paciente e executa uma manobra em sentido anteroposterior (maca), objetivando o deslizamento dos côndilos occipitais sob as facetas de C1. Devem-se realizar seis repetições suaves e ritmadas.

Outra técnica muito parecida, e que tem o mesmo objetivo, é usar o dedo indicador de uma das mãos e o médio da outra, um sobre o outro, apoiando-se no arco posterior de C1 enquanto se realiza o mesmo movimento citado antes com o ombro do terapeuta na região frontal do crânio do paciente em sentido anteroposterior, executando o mesmo número de repetições do exercício anterior (Figura 5.13). Quando o intuito for aumentar a rotação da cervical alta, podemos ainda utilizar outra técnica, em que o paciente deve ficar sentado e o fisioterapeuta posterior a ele, colocar o polegar no processo transverso de C1 contralateral à rotação perdida. Assim, apoia o outro polegar sobre o primeiro que está na vértebra e solicita ao paciente que gire a cabeça lentamente enquanto o fisioterapeuta executa suavemente uma força de deslizamento ventral sobre C1.

Técnica Cervical Global de Quiropraxia, como Auxiliar no Tratamento das Disfunções Cervicocraniomandibulares

A quiropraxia é de fundamental importância, já que se trata de uma técnica conservadora de terapia manual respaldada em estudos clínicos e científicos, com grande reconhecimento tanto em âmbito nacional quanto internacional, inclusive da Organização Mundial da Saúde. Apresenta pouquíssimos custos para o paciente, e ao longo dos anos tem demonstrado extrema eficácia na melhora do quadro álgico e funcional das patologias articulares em curto espaço de tempo.

Essa técnica baseia-se na manipulação das articulações corpóreas, buscando seu equilíbrio anatomofisiológico, liberando-as das subluxações (fixações ou desajustes) que, com o tempo, geram alterações biomecânicas locais e globais, causando desconforto e dor ao paciente. É bom lembrar que essas subluxações, na maioria das vezes, são o marco inicial dos processos degenerativos.

No que tange às disfunções cervicocraniomandibulares, essa técnica é de grande importância na liberação de fixações cervicais que, ao longo do tempo, criam restrições articulares importantes, alterando o perfeito deslizamento das facetas

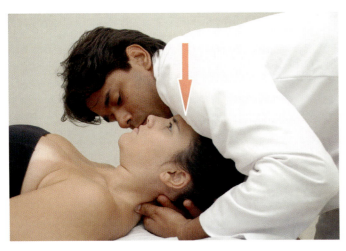

◀ **Figura 5.13** Técnica para cervical alta

cervicais e criando espasmos de vários músculos intrínsecos cervicais fundamentais para o equilíbrio craniovertebral, como os interespinais, longo de pescoço e cabeça e reto anterior, entre outros já citados. A quiropraxia, por ser também uma técnica global de realinhamento corpóreo, produzirá efeitos positivos sobre a postura dos pacientes. Logo, o tratamento global quiropráxico de pacientes com esta patologia tem grande valor terapêutico.

A técnica de quiropraxia global cervical é excelente para a redução da dor e do alívio de tensão dos músculos cervicais e, consequentemente, dos músculos mastigatórios. No entanto, devem-se respeitar as contraindicações de qualquer manipulação cervical, como: síndrome da artéria vertebrobasilar, processos infecciosos e inflamatórios agudos, tumores, histeria e algumas doenças reumáticas, como espondilite ancilosante e artroses graves com bastante rigidez do segmento.

Aplicação da técnica

A técnica com o terapeuta na cabeceira da maca, com uma das mãos na face do paciente (do lado da rotação) e a outra mão (de impulsão) apoiada na têmpora do paciente com o resto dos dedos apoiados no ramo da mandíbula, tendo cuidado em não gerar tensão excessiva com os dedos sobre este acidente ósseo, é executada com o indivíduo em decúbito dorsal, bem relaxado. Realiza-se passivamente uma pequena flexão de cabeça, rodando-a para um lado até a faixa parafisiológica (após o limite fisiológico e anteriormente ao anatômico), e em seguida aplica-se o impulso manipulativo, feito com grande velocidade e pouca amplitude, e que muitas vezes provoca um som do tipo estalido. Logo após, executa-se o mesmo procedimento para o outro lado.

Convém lembrar que só podemos realizar a manobra quando, ao rodarmos a cabeça do paciente além do limite fisiológico, ele não apresente dor ou tensão durante o movimento. Por isso, recomendamos que, antes de realizar as manobras manipulativas, aplique-se, além do teste de estresse da artéria, o teste da estrela cervical, quando se testam todos os movimentos cervicais passivamente até a barreira elástica e se verifica se há desconforto ou dor, manipulando assim para o lado contrário àquele onde surgem os sintomas, caso este se encontre livre de qualquer sintomatologia (Figura 5.14).

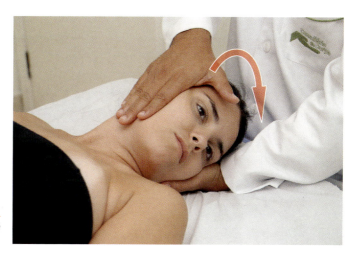

◀ **Figura 5.14** Técnica global de manipulação cervical

6

Tratamento Miofascial nas Disfunções Cervicocraniomandibulares

Tópicos Abordados

- ✓ Técnicas de tratamento miofascial.
- ✓ Desativação de *trigger points*.
- ✓ *Pompages*.
- ✓ Pressão isquêmica.
- ✓ Facilitação neuromuscular proprioceptiva.
- ✓ Alongamento.
- ✓ Exercícios isométricos na musculatura da ATM.
- ✓ Mobilização do osso hioide e liberação miofascial de seus músculos.
- ✓ Uso de bandagem funcional na complementação do tratamento das DTMs.

Introdução

As dores musculares são a causa mais frequente de desconforto na região da cabeça e do pescoço, e em geral tais sintomas resultam de alterações musculoesqueléticas dos tendões e das fáscias, podendo também ser provenientes de alterações dos vasos sanguíneos localizados no interior dos músculos ou das bainhas fasciais. Considera-se que as mialgias sejam resultados de estiramentos por contrações forçadas ou prolongadas, isquemias e traumatismos. Além disso, mesmo que a origem da dor não seja muscular, os efeitos excitatórios centrais tendem a se expressar nos músculos, dificultando o diagnóstico e o tratamento.

A constante atividade dos músculos da mastigação para desempenhar ações primordiais no sistema estomatognático, muitas vezes associada a atividades parafuncionais, leva esses grupamentos musculares a apresentarem, com frequência, sinais de fadiga e dor. O mesmo ocorre com os músculos cervicais e da cintura escapular, que comumente estão em hiperatividade para manter o controle postural da cabeça. Assim, uma intervenção precisa da terapia manual nesses grupamentos musculares será de suma importância na melhora do quadro álgico e no restabelecimento biomecânico correto tanto da articulação temporomandibular

(ATM) quanto da coluna vertebral. É importante salientar que, para o êxito do tratamento, as manobras miofasciais não devem ser feitas de forma isolada, e sim associadas às manobras articulares cervicais e temporomandibulares e combinada muitas vezes com terapia cognitiva comportamental.

 ## Principais Técnicas de Tratamento Miofascial

Desativação de Pontos Gatilhos

As musculaturas cervical e mastigatória, como citado anteriormente, apresentam com frequência fadiga e dor, esta última acompanhada em geral de pontos gatilhos (*trigger points*) miofasciais.

Em nossos tratamentos, utilizamos a técnica de pressão progressiva (Kostopoulos & Rizopoulos, 2007), que se utiliza dos polegares ou outros dedos de uma ou das duas mãos para exercer pressão firme sobre o tecido tratado de maneira gradual e lenta, com o músculo em posição de relaxamento, quando durante a aplicação da pressão sente-se a resistência do tecido e espera-se até que comece a diminuir a resistência e a dor. Após esse momento, aumenta-se um pouco mais a pressão até sentir-se novamente a resistência, repetindo este procedimento diversas vezes, até o relaxamento do músculo tratado. A pressão exercida deve ser iniciada de modo leve (dezenas de gramas), podendo chegar até 900g; a técnica não estabelece limite de tempo para a aplicação da compressão digital, porém é necessário bom senso por parte do terapeuta. Em média, aplica-se a técnica de pressão progressiva durante pelo menos 30s, podendo chegar a 2min, com o paciente mantendo a respiração lenta e profunda enquanto o terapeuta aumenta a pressão. Logo após, deve-se obrigatoriamente realizar alongamento miofascial do músculo tratado por pelo menos 30s, para total eficácia do tratamento.

Pompage

As *pompages* podem ser utilizadas com o objetivo de melhorar a circulação local ou de promover relaxamento muscular, auxiliando também no combate à degeneração cartilaginosa das articulações. A técnica da *pompage* é, em geral, simples e realizada em três tempos. No primeiro tempo, o terapeuta alonga lenta e progressivamente o músculo, indo até o limite da elasticidade fisiológica da estrutura musculoaponeurótica, tendo o cuidado de não desencadear reflexo miotático. No segundo tempo, ocorre a manutenção da tensão, quando é de suma importância que o paciente se encontre relaxado, evitando, assim, que inconscientemente se oponha à tensão. O terceiro tempo é o do retorno à posição inicial, o principal tempo da *pompage*, devendo ser realizado leve e lentamente, evitando assim o reflexo contrátil do músculo. Sugerimos que o tempo de manutenção seja em média de 20 a 30 segundos, realizando três séries. Caso o paciente relata parestesia ou qualquer outro desconforto, deve-se diminuir a tensão.

Pressão Isquêmica

É uma técnica simples de digitopressão de aproximadamente 4kg no ventre muscular por um período de 30 segundos e tem como principais funções diminuir a dor em pontos dolorosos musculares e o espasmo muscular.

Técnica de Contrair-Relaxar e Inibição Recíproca (Facilitação Neuromuscular Proprioceptiva – FNP)

Na técnica de contrair e relaxar, pede-se ao paciente que tente executar contração isométrica contra a resistência substancial do músculo encurtado (tratado) por 5 a 10 segundos, objetivando seu maior alongamento. Após a contração desse músculo, o paciente relaxa, e o profissional aproveita a amplitude de movimento obtida, criando uma nova posição de alongamento. Pode-se realizar esse procedimento de três a cinco vezes, sendo uma excelente técnica de desbloqueio articular e alongamento. Para maior eficácia, o músculo tratado deve estar em posição confortável e alongado antes do início da técnica.

Outra técnica que utilizamos é a inibição recíproca, quando solicitamos uma contração isotônica do antagonista do músculo tratado contra a resistência por um período de 5 a 10 segundos, o que gera seu relaxamento e seu alongamento.

Os exercícios domiciliares de isometria que recomendamos ao paciente são realizados duas a três vezes ao dia, com seis repetições cada, com isometria de 6 segundos e relaxamento também de 6 segundos.

Alongamento

O alongamento é uma técnica que tem por objetivo o estiramento fisiológico das fibras musculares, restabelecendo a amplitude de movimento articular e a mobilidade dos tecidos moles. Fisiologicamente, essa técnica facilita a troca de nutrientes, e o carreamento de metabólitos possibilita maior deslizamento dos filamentos proteicos e favorece o arranjo paralelo das fibras musculares.

Utilizamos o alongamento passivo de modo lento e gradual por um período de 10 a 30 segundos.

Tratamento Miofascial dos Músculos da Mastigação

Tratamento do Masseter

Como já visto no Capítulo 1, *Anatomia Funcional e Biomecânica da Articulação Temporomandibular*, o masseter é um músculo extremamente forte e potente que atua na elevação da mandíbula, auxiliando em sua protrusão e em outros movimentos. O aumento de tensão nesse músculo é provocado por patologias em que haja má oclusão, dimensão vertical alterada, contatos prematuros e hábitos parafuncionais, como o bruxismo diurno e noturno, que podem ou não estar associados a problemas emocionais.

O masseter, junto com o temporal e pterigóideo medial, como já dito, forma uma "alça de sustentação" da mandíbula onde estes músculos devem se manter com a mínima de tensão para estabilizar a articulação. No entanto, vale ressaltar que a tensão exacerbada destes músculos pode criar alterações biomecânicas severas na ATM, já que se reduz o movimento de rotação condilodiscal e aumenta o movimento de deslize do começo ao fim da abertura. Isso potencializa o processo degenerativo articular e a fadiga do pterigóideo lateral. Por esse fato, o terapeuta precisa ter em mente que o relaxamento do temporal, do pterigóideo medial e, principalmente, do masseter, associado à conscientização do paciente quanto aos hábitos lesivos sobre as suas articulações, deve ser uma das prioridades na conduta de terapêutica.

Outro fato com relação ao masseter é que frequentemente, como todos os outros músculos da mastigação, eles são fontes constantes de dor miofascial, com presença de pontos gatilhos que nele podem desencadear dor na região supraorbitária, na articulação temporomandibular (ATM), na orelha, nos dentes posteriores e, principalmente, na extensão do próprio músculo.

Técnica de inibição de ponto gatilho na porção superficial do masseter

Pede-se ao paciente que faça uma rotação de cabeça e um leve apertamento dos dentes. Em seguida, executa-se a palpação do masseter superficial e procede-se, com o músculo relaxado, à inibição de ponto gatilho do tipo pressão progressiva, com a polpa digital do dedo indicador. Pode-se utilizar também, nessa posição, a técnica de pressão isquêmica para relaxamento desse músculo, quando o paciente não apresenta dor irradiada (Figura 6.1).

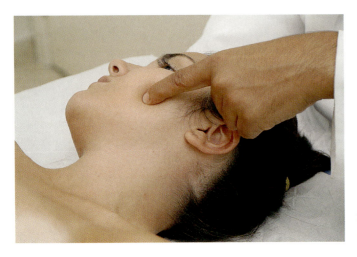

◀ **Figura 6.1** Inibição do ponto gatilho do masseter superficial

Técnica de inibição de ponto gatilho na porção profunda do masseter

Repetir posição e procedimento anteriores. Após o paciente realizar um leve apertamento dos dentes, o fisioterapeuta localiza a porção profunda do masseter (mais posterior) e procede à inibição de ponto gatilho ou ponto isquêmico (Figura 6.2).

Técnica de inibição recíproca para relaxamento da musculatura masseterina

O paciente deve ficar em decúbito dorsal, com a cabeça em posição neutra. O terapeuta coloca a mão na região inferior do mento e solicita uma pequena abertura de boca, aplicando leve resistência ao movimento (isometria). Os objetivos principais são o relaxamento da musculatura masseterina e o desbloqueio articular (Figura 6.3).

Técnica de contrair-relaxar de elevação de mandíbula contra a resistência

Com o paciente em decúbito dorsal, com a boca semiaberta, o terapeuta colocará a cabeça do paciente em posição neutra, pondo o dedo indicador e o polegar cruzados nos incisivos superiores e inferiores. Após posicionar o paciente, pedirá

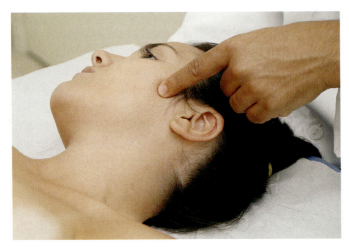

◀ **Figura 6.2** Inibição do ponto gatilho no masseter profundo

Tratamento Miofascial nas Disfunções Cervicocraniomandibulares

◤ **Figura 6.3** Inibição recíproca para o masseter

a este que exerça pequena força para fechar a boca (isometria). Essa atividade tem como objetivo fortalecer e/ou normalizar o tônus da musculatura masseterina, além de realizar a propriocepção para o movimento de abertura e fechamento bucal (Figura 6.4).

Técnica de contrair-relaxar para retrusão da mandíbula

Paciente em decúbito dorsal, realizando pequena rotação de cabeça e protrusão de mandíbula. O terapeuta coloca o polegar na região intraoral, precisamente em contato com os incisivos inferiores, e solicita ao paciente que faça leve retrusão mandibular contra a resistência do terapeuta (isometria). Esse exercício também visa ao relaxamento do masseter profundo e dos músculos retrusores (Figura 6.5).

Técnica de alongamento intraoral de porção profunda do masseter

Paciente em decúbito dorsal, com ou sem rotação de cabeça (o terapeuta decidirá pela melhor posição). O terapeuta coloca o polegar na região intraoral, com o indicador externamente mantendo leve pressão contra aquele, ambos posicionados

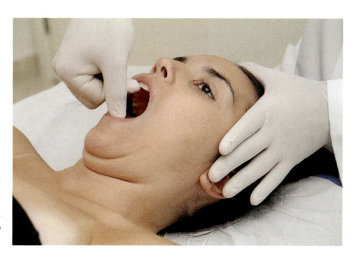

◤ **Figura 6.4** Contrair-relaxar para o masseter

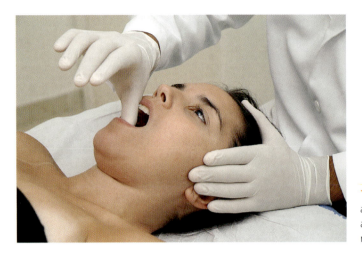

▼ **Figura 6.5** Contrair-relaxar para a retrusão mandibular, observando a normalização do tônus e o relaxamento muscular

na porção distal do masseter. Logo após, executa um movimento na direção caudal (alongamento) que será mantido por 20s, podendo ser repetido duas a quatro vezes. Essa técnica visa, além do alongamento, ao relaxamento e à melhora do aporte de nutrientes.

Técnica de alongamento da porção superficial do masseter

O posicionamento é igual ao da técnica anterior, porém o polegar e o indicador serão posicionados na porção superficial do músculo mais anteriormente à porção profunda (Figura 6.6).

Técnica de deslizamento miofascial intraoral em toda a extensão de masseter

O posicionamento será igual ao anterior, realizando-se um deslizamento no sentido caudal desde a região proximal até a porção distal do masseter. Visa, além do relaxamento, a liberar as aderências desse músculo (Figura 6.7).

Técnica de termoterapia auxiliar no tratamento das lesões no masseter e demais músculos mastigatórios

A posição do paciente deverá ser a mais confortável possível. Coloca-se uma bolsa de água morna

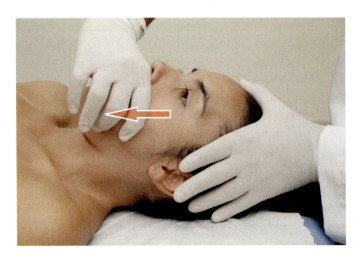

▼ **Figura 6.6** Alongamento do masseter superficial

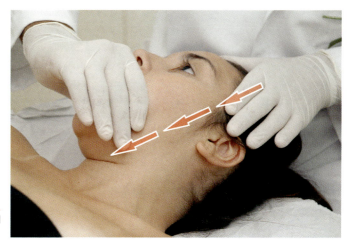

◀ **Figura 6.7** Deslizamento intraoral do masseter

envolta em uma toalha de pano ou papel, evitando assim qualquer risco de queimadura. Apesar de ser um recurso simples, traz bastante alívio aos pacientes, principalmente no quadro de lesões musculares, como mioespasmos do masseter e anteriormente ao tratamento de pontos gatilhos. Preconizamos a aplicação por um período não superior a 20min.

Uso da neuroestimulação elétrica transcutânea (TENS) no masseter

Coloca-se o paciente em decúbito dorsal, com a cabeça em posição neutra e com os eletrodos posicionados na musculatura masseterina em sua origem e sua inserção. Sugerimos a aplicação do modo convencional, evitando a contração muscular e utilizando uma faixa de pulso de 50 a 100Hz, com duração de pulso curta, de 75 microssegundos, e uma amplitude que produza parestesia no local da dor.

Tratamento do Músculo Temporal

É outro músculo primariamente elevador, muito importante na dinâmica mandibular e integrante da alça de sustentação. Tem sua porção anterior atuando junto com o masseter na elevação de mandíbula. Enquanto isso, as porções média e posterior atuam na elevação e na retrusão da mandíbula. Devido à disposição de suas fibras anteriores, médias e posteriores, as alterações que comprometam esse músculo podem desencadear dor no hemicrânio e muitas vezes em todo o crânio. O acometimento das fibras anteriores pode provocar quadro álgico na região supraorbitária e incisivos superiores; sua porção média pode causar dor nos caninos, nos pré-molares, na região supraorbitária e na ATM; e sua região posterior provoca dor nos molares, no maxilar superior e na região occipital. Sua tensão excessiva, geralmente provocada por hábitos parafuncionais como o bruxismo de vigilância (diurno), pode levar a uma diminuição de vascularização da artéria temporal e ocasionar uma cefaleia na altura deste músculo que surge de forma pulsátil, normalmente após episódios de estresse físico e emocional, sendo comumente observada em portadores de DTM. O zumbido no ouvido também é outro sintoma provocado por tensão excessiva deste músculo e deve ser considerado no diagnóstico diferencial para estes casos.

Técnica de contrair-relaxar (isometria) para a retrusão

Coloca-se o paciente em decúbito dorsal, realizando pequena rotação de cabeça. O terapeuta coloca o polegar na região intraoral, precisamente em contato com os incisivos inferiores, e solicita ao paciente que proceda a uma leve retrusão mandibular contra a resistência do terapeuta. Esse exercício objetiva relaxar e também fortalecer e/ou aumentar o tônus das fibras do temporal médio e posterior, além de relaxar o pterigóideo lateral e digástrico (Figura 6.8).

Técnica de inibição de ponto gatilho na região das fibras posteriores do temporal

Coloca-se o paciente em decúbito dorsal, com rotação de cabeça para o lado contralateral da inibição de ponto gatilho. O terapeuta colocará o indicador e o dedo médio nas fibras posteriores, exercendo pressão progressiva na região. Pode-se usar também a técnica de ponto isquêmico nessa posição para relaxamento dessa porção (Figura 6.9).

Técnica de inibição de ponto gatilho nas fibras médias do temporal

Coloca-se o paciente em decúbito dorsal, com rotação de cabeça para o lado contralateral da inibição de ponto gatilho. O terapeuta colocará o indicador e o dedo médio nas fibras médias. O procedimento é igual aos anteriores (Figura 6.10).

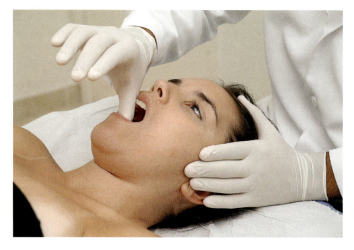

◤ **Figura 6.8** Técnica de contrair-relaxar para o músculo temporal

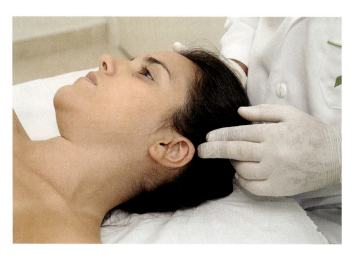

◤ **Figura 6.9** Inibição do temporal posterior (palpar o ápice e atrás da orelha)

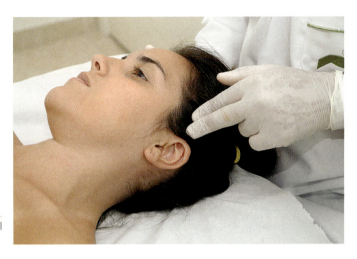

◀ **Figura 6.10** Inibição do temporal médio

Técnica de inibição de ponto gatilho na região anterior do temporal

Coloca-se o paciente em decúbito dorsal, com rotação de cabeça para o lado contralateral da inibição de ponto gatilho. O terapeuta colocará o indicador e o dedo médio nas fibras anteriores, realizando o mesmo procedimento da técnica anterior (Figura 6.11).

Técnica de liberação miofascial do temporal anterior com manobra intraoral

Coloca-se o paciente em decúbito dorsal, com leve rotação de cabeça para o lado contralateral à manobra. O polegar da mão caudal será colocado em região intraoral (masseter), e os dedos indicador e médio da mão cranial, na região do temporal, gerando forças divergentes, alongando a musculatura do masseter e, ao mesmo tempo, distensionando a fáscia do temporal anterior. Essa técnica causa grande relaxamento do temporal, do masseter e dos outros músculos da mastigação (Figura 6.12).

Técnica de liberação do couro cabeludo na região temporal

O paciente deve estar em decúbito dorsal. Com uma das mãos, o terapeuta estabilizará a cabeça

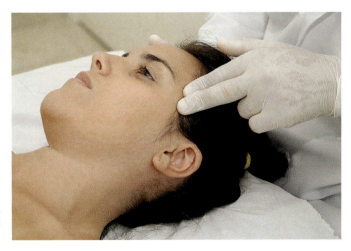

◀ **Figura 6.11** Inibição do temporal anterior

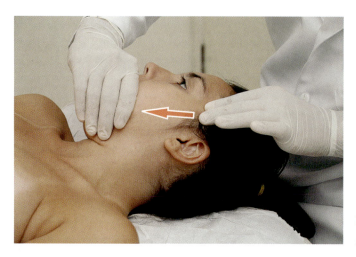

▼ Figura 6.12 Liberação miofascial do temporal – fibras anteriores

do paciente na maca, e com a outra mão segurará o cabelo do paciente próximo à sua raiz e ao couro cabeludo, executando movimentos craniocaudal, laterolateral e circulares de modo suave. O objetivo dessa manobra é eliminar a tensão na região craniana, bem como induzir o relaxamento muscular, principalmente do temporal (Figura 6.13).

Técnica de contrair-relaxar no temporal com elevação de mandíbula contra a resistência

Coloca-se o paciente em decúbito dorsal, com a boca semiaberta. O terapeuta manterá a cabeça do paciente em posição neutra e colocará os dedos indicador e polegar, cruzados, nos seus incisivos superiores e inferiores, ao mesmo tempo em que lhe pedirá que exerça pequena força para fechar a boca (mesmo exercício citado anteriormente para tratamento de masseter).

Técnica de inibição recíproca com leve resistência para a abertura da boca

Coloca-se o paciente em decúbito dorsal, com a cabeça em posição neutra. O terapeuta coloca a mão na região inferior do mento e solicita ao paciente uma pequena abertura da boca, enquanto exerce leve resistência (isometria). O objetivo é relaxar a musculatura do temporal (Figura 6.14).

Tratamento do Músculo Pterigóideo Medial

Este músculo é um potente elevador de mandíbula e o terceiro que forma a alça de sustenta-

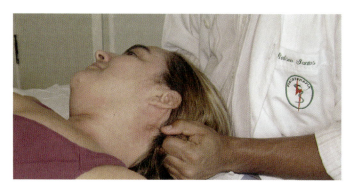

▼ Figura 6.13 Liberação do couro cabeludo

Tratamento Miofascial nas Disfunções Cervicocraniomandibulares **83**

◤ **Figura 6.14** Inibição recíproca para temporal

ção e está quase sempre envolvido nas patologias temporomandibulares, principalmente musculares. Quando acometido, o pterigóideo medial desencadeia um ponto gatilho em sua inserção distal, na superfície interna do ângulo da mandíbula, provocando dor referida na própria ATM e também na maxila e nos dentes superiores anteriores. Quando excessivamente tenso, ainda pode provocar zumbidos na orelha.

Técnica de inibição de ponto gatilho intraoral

Com o paciente em decúbito dorsal, o terapeuta deve ficar ao lado e voltado para a frente da sua cabeça. Após o posicionamento de ambos, o terapeuta deve colocar o dedo indicador na região intraoral do paciente, deslizando-o sobre os molares inferiores (face lingual) até chegar com a polpa digital atrás do último molar, seguindo em direção ao ângulo da mandíbula até o contato com seu outro indicador, externamente, no ângulo (Figura 6.15).

Técnica de inibição de pressão isquêmica no pterigóideo medial externamente

Coloca-se o paciente em decúbito dorsal, com a cabeça em extensão e rodada para o lado contralateral a ser tratado. Com o dedo indicador, o fisioterapeuta palpa o ângulo da mandíbula e faz pressão no sentido cranial. Esse ponto costuma

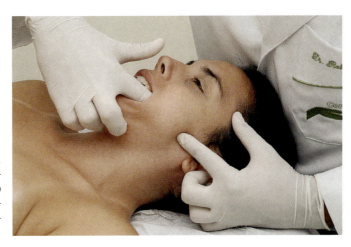

◤ **Figura 6.15** Inibição do ponto gatilho em pterigóideo medial. O dedo intraoral deve entrar junto à face palatina ou lingual dos dentes mandibulares até o ângulo da mandíbula

ser bastante doloroso, por isso o paciente deve estar em posição confortável. A técnica objetiva o relaxamento desse músculo (Figura 6.16).

Técnica de contrair-relaxar com resistência no mento

Com o paciente em decúbito dorsal, a cabeça em posição neutra, o terapeuta coloca a mão na região inferior do mento e solicita uma pequena abertura de boca, exercendo leve resistência. O objetivo é relaxar o músculo pterigóideo medial (mesma técnica para relaxamento de temporal, citada anteriormente).

Técnica de aplicação do *laser* no pterigóideo medial

Coloca-se o paciente em decúbito dorsal, com rotação de cabeça para o lado contralateral a ser tratado. Coloca-se a caneta do *laser* no ângulo da mandíbula, no sentido cranial, realizando aplicação pontual (Figura 6.17).

Tratamento do Músculo Pterigóideo Lateral

Trata-se de um músculo bastante utilizado na mastigação com atuação direta na ATM, já que sua par-

◀ **Figura 6.16** Ponto isquêmico no pterigóideo medial

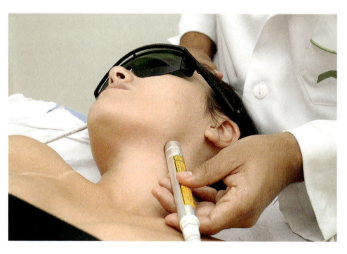

◀ **Figura 6.17** Aplicação do *laser* para tratamento do pterigóideo medial no ângulo da mandíbula

te superior se insere na cápsula articular e no disco articular. Vale lembrar que a porção superior desse músculo atua em conjunto com os elevadores de mandíbula, enquanto sua porção inferior realiza protrusão e abaixamento de mandíbula (quando se contrai bilateralmente), além de executar também a lateralização de mandíbula para o lado oposto quando se contrai unilateralmente, participando, assim, de todos os movimentos da ATM.

Nas patologias em que se detecta dor no pterigóideo lateral, o exercício será realizado para os lados, pois, mesmo que a lateralidade seja feita por um dos lados, a propulsão é realizada pela ação sinérgica de ambos. Se, no entanto, houver desvio mandibular durante os movimentos funcionais, o exercício será unilateral. As alterações mais comuns nas lesões desse músculo são: desvios mandibulares, dor e diminuição de movimento na protrusão mandibular e redução de lateralidade mandibular.

Em sua porção superior, esse músculo atua significativamente no deslocamento anterior do disco, já que é extremamente solicitado durante os hábitos parafuncionais, ou em casos de má oclusão, gerando tensão anterior no disco e na cápsula. Logo, é de suma importância relaxarmos esse músculo nas lesões discais e articulares em geral.

Os pontos gatilhos no pterigóideo lateral podem provocar dor relatada no arco zigomático, na ATM e na maxila.

Técnicas de contrair-relaxar para relaxamento do pterigóideo lateral

- **Isometria para lateralidade**: coloca-se o paciente em decúbito dorsal, com a cabeça em posição neutra. Com a mão cranial, o terapeuta estabiliza a cabeça do paciente, e a mão caudal apoia o ramo da mandíbula do lado contralateral ao que está sendo tratado, aplicando leve resistência ao movimento (isometria). O objetivo é relaxar e melhorar o tônus da porção inferior (Figura 6.18).
- **Isometria para abertura**: para relaxar e melhorar o tônus do pterigóideo lateral, na porção inferior, podemos opor resistência ao movimento de abertura seguindo a mesma conduta utilizada para o masseter.
- **Isometria para fechamento**: devemos resistir ao movimento de fechamento da boca apoiando os dedos indicador e polegar cruzados nos incisivos superiores e inferiores, com o objetivo de relaxar e fortalecer a porção superior desse músculo (técnica já citada anteriormente no tratamento de masseter).

Técnica de massoterapia intraoral no pterigóideo lateral

Executa-se a massagem intraoral com o paciente relaxado e a boca semiaberta, realizando movi-

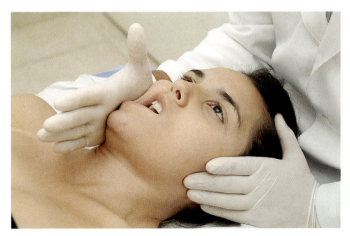

▼ **Figura 6.18** Técnica de contrair-relaxar para o pterigóideo lateral inferior

mentos circulares ou transversalmente ao ventre muscular até perceber o relaxamento das fibras musculares (Figura 6.19).

Tratamento do Músculo Digástrico

Este músculo tem atuação importante na deglutição, pois, quando ele se contrai, puxa a mandíbula para trás e eleva o osso hioide, favorecendo a deglutição. Além disso, ele é foco também de pontos gatilhos, provocando dores irradiadas para dentes anteriores da arcada inferior e parte posterior do esternocleidomastóideo.

Técnica de *pompage* no digástrico anterior

Coloca-se o paciente em decúbito dorsal, com rotação de cabeça para o lado contralateral a ser tratado, e o terapeuta com os dedos indicadores de ambas as mãos fazendo a *pompage* no digástrico anterior (Figura 6.20).

Técnica de *pompage* no digástrico posterior

Mesma posição da *pompage* em digástrico anterior. O terapeuta faz a rotação de cabeça do paciente para o lado contralateral a ser tratado,

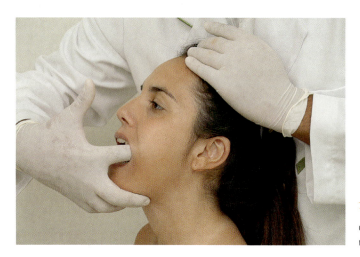

◥ **Figura 6.19** Ponto de aplicação da manobra de massoterapia intraoral em pterigóideo lateral

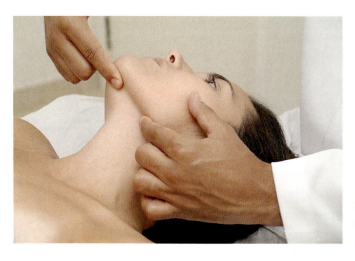

◥ **Figura 6.20** *Pompage* do digástrico anterior (dedo anterior na região lateral do mento)

e com os dedos indicadores de ambas as mãos realiza o mesmo procedimento, só que agora na porção posterior desse músculo (Figura 6.21).

Técnica de inibição de ponto gatilho no digástrico anterior

Coloca-se o paciente em decúbito dorsal, com leve rotação posterior do crânio e rotação da cabeça para o lado contralateral. O terapeuta, com o dedo indicador, médio ou polegar, realiza a inibição de ponto gatilho com técnica de pressão progressiva, podendo, nessa posição, realizar também a técnica de pressão isquêmica para relaxamento muscular (Figura 6.22).

Técnica de inibição de ponto gatilho no digástrico posterior

Na mesma posição indicada para inibição no digástico anterior, com leve rotação posterior do crânio, rotação da cabeça para o lado contralateral a ser tratado, o terapeuta realiza a inibição de ponto gatilho, atrás do ângulo da mandíbula (Figura 6.23).

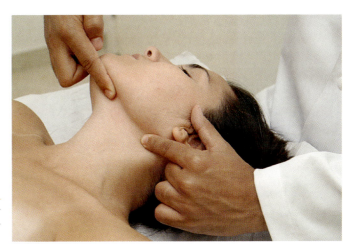

◤ **Figura 6.21** *Pompage* do digástrico posterior (dedo posterior no ângulo da mandíbula)

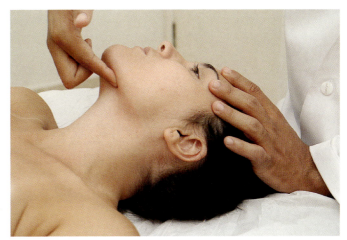

◤ **Figura 6.22** Inibição de ponto gatilho no digástrico anterior

◀ **Figura 6.23** Inibição de ponto gatilho no digástrico posterior

Tratamento Miofascial de Músculos Faciais

Lábios Superiores e Inferiores

Nos pacientes que apresentam lábios superiores curtos, algumas alterações musculares são características, pois eles não descem ao encontro dos lábios inferiores; estes é que sobem de encontro aos lábios superiores, ativando assim os músculos elevadores e retrusores da mandíbula, como o temporal e o masseter, e gerando pressão do côndilo contra o disco, com risco até mesmo de ocasionar seu deslocamento.

Técnica de alongamento do lábio superior

Coloca-se o paciente em decúbito dorsal, com o terapeuta atrás de sua cabeça segurando os lábios superiores, em suas porções mais laterais, com os polegares e indicadores de ambas as mãos. Após esse posicionamento, executa-se um movimento para a frente, produzindo assim o alongamento. Esse tipo de alongamento só deve ser realizado duas a quatro vezes, pois, conforme a tensão e o encurtamento do lábio, o paciente pode apresentar muita dor durante a aplicação da técnica (Figura 6.24).

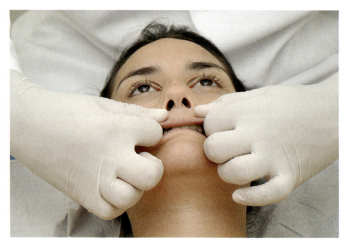

◀ **Figura 6.24** Alongamento do lábio superior

Técnica de alongamento do lábio inferior

Mesma posição adotada anteriormente. Com os dedos médios e indicadores, o fisioterapeuta segura os lábios inferiores em suas regiões mais laterais, puxando-os para a frente e para cima, devendo ter o mesmo cuidado da técnica anterior (Figura 6.25).

Músculo Bucinador

Outro músculo também ativado quando o paciente apresenta lábio superior curto é o bucinador, que tem um importante papel na mímica facial e que, quando encurtado ou aderido, provoca dores orofaciais e altera a dinâmica da ATM.

Técnica de alongamento do bucinador (intraoral)

Coloca-se o paciente em decúbito dorsal, com a cabeça rodada para o lado contralateral. A mão cranial do terapeuta posicionada espalmada no arco zigomático, com o polegar da mão caudal na região intraoral, junto com o indicador da mesma mão na região extraoral, ambos na junção dos lábios. Após o posicionamento, é realizado o alongamento no sentido anterior. Essa técnica é muito eficaz nos casos de hipomobilidade, como nos pós-operatórios (Figura 6.26).

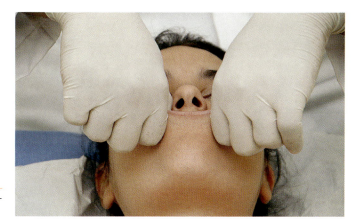

◥ **Figura 6.25** Alongamento do lábio inferior

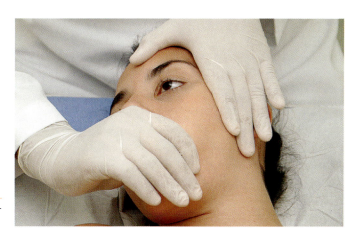

◥ **Figura 6.26** Alongamento do bucinador

Técnica de massagem no músculo bucinador

Coloca-se o paciente em decúbito dorsal, na mesma posição do exercício anterior. O polegar da mão caudal é colocado na região intraoral, exatamente no músculo bucinador, e o indicador e o dedo médio da mão cranial na região extraoral, pressionando o músculo contra o polegar ou ainda realizando movimentos circulares contra ele. Esse exercício deve ser realizado de forma suave, de acordo com a tensão do músculo, evitando que o paciente sinta dor excessiva. Pode ser realizado de três a cinco vezes, com tempo de aplicação de 30 segundos a 1 minuto. Tem as mesmas indicações da técnica anterior, além de auxiliar muito no relaxamento dos músculos elevadores (Figura 6.27).

Técnicas de Relaxamento Global dos Músculos Faciais

Técnica dos traços miofasciais

A técnica mais eficaz que usamos para criar intenso relaxamento dos músculos faciais e mastigatórios é a dos traços miofasciais, que cria um distensionamento do tecido fascial, melhorando o aporte vascular destes músculos e auxiliando no realinhamento do colágeno.

A técnica é realizada com a polpa do polegar ou com os dedos médio e indicador unidos, produzindo um deslizamento profundo em áreas predeterminadas sem o uso de qualquer produto que favoreça a ação dos dedos sobre a pele (salvo em peles pouco hidratadas). Utilizamos cinco traços específicos básicos na face, da seguinte maneira:

- Polegares na região de glabela vão em direção à parte superior das sobrancelhas, passam pelo temporal anterior e descem, terminando na ATM. Executar por três vezes a técnica (Figura 6.28 A).
- Polegares na região de glabela vão em direção à asa do nariz, passam por baixo do arco zigomático e terminam na ATM. Executar por três vezes a técnica (Figura 6.28 B).
- Polegar no lábio superior, logo abaixo do nariz, vai em direção à parte inferior do arco zigomático e termina na ATM. Executar por três vezes a técnica (Figura 6.29 A).
- Polegar no meio do mento segue em direção ao corpo da mandíbula, sobe para o ramo desta e termina na ATM. Executar por três vezes a técnica (Figura 6.29 B).

Indicador e médio juntos, apoiados abaixo do mento, seguem em direção ao corpo da mandíbu-

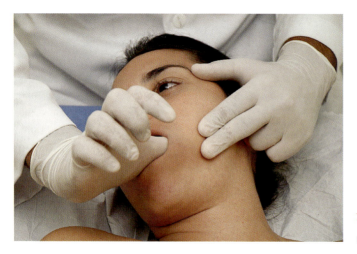

Figura 6.27 Massagem intraoral no bucinador

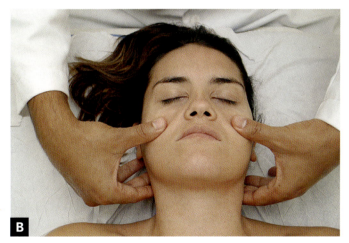

◥ **Figura 6.28** (**A** e **B**) Traços miofasciais

la, sobem pelo ramo da mandíbula e terminam na ATM. Executar por três vezes a técnica (Figura 6.30).

Técnica de compressão e descompressão

Esta técnica é extremamente simples e envolve duas fases: a "aglomeração" ou compressão, seguida de tração ou descompressão. Tem como principal objetivo o distensionamento do tecido fascial que recobre a face, produzindo relaxamento intenso dos músculos faciais e diminuição das tensões das membranas e suturas cranianas.

O paciente deve ficar em decúbito dorsal, bem relaxado, e o terapeuta, posicionado na cabeceira da maca, com suas palmas e dedos repousando sobre as "bochechas" do paciente. O terapeuta comprime a pele (aglomeração) e a traciona no sentido cranial até perceber a resistência; mantém a ação por um minuto ou mais, até a melhora da resistência, e executa em seguida uma tração no sentido caudal, mantendo a pele em tração também por um minuto ou mais até o relaxamento dos tecidos (Figura 6.31).

92 Terapia Manual nas Disfunções da ATM

◀ **Figura 6.29** (**A** e **B**) Traços miofasciais

◀ **Figura 6.30** Traços miofasciais

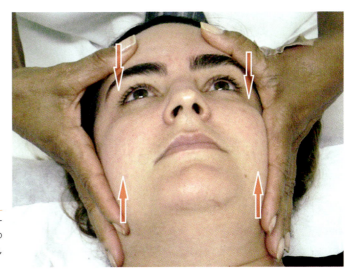

◥ **Figura 6.31** Setas para cima demonstram compressão e tração no sentido cranial, e setas para baixo, descompressão ou tração caudal

Tratamento Miofascial dos Músculos Cervicais e da Cintura Escapular

Atualmente, é muito comum observarmos alterações na cintura escapular e na região cervical, em decorrência de causas variadas, como atividades laborais, alterações posturais e estresse, entre outras.

Para que a cervical se mantenha em posição fisiológica e execute seus movimentos harmoniosamente, os músculos da cintura escapular devem estar em perfeito equilíbrio. Alterações posturais nesses músculos poderão afetar direta ou indiretamente o perfeito funcionamento das ATM e a oclusão. Por isso, devemos avaliar também a musculatura da cintura escapular nas avaliações de DTM.

É importante ressaltar que esses músculos são focos de pontos gatilhos e podem provocar cefaleias e dores na face e na ATM, potencializando os sintomas dessa patologia e dificultando a conclusão do diagnóstico. As principais dores irradiadas que encontramos nos músculos da cintura escapular e da cervical são:

- **Esternocleidomastóideo**: dores irradiadas para face, orelha, olhos, garganta e frontal.
- **Trapézio superior**: dores irradiadas para o temporal até o zigomático, o pescoço e a orelha.
- **Levantador da escápula**: dores irradiadas para pescoço, ombro e escápula.
- **Suboccipitais**: dores irradiadas para trás dos olhos e região occipital.
- **Escaleno**: dores irradiadas para pescoço, peitoral, região medial de escápula e membro superior.
- **Longo do pescoço**: dores irradiadas para garganta e vértebras cervicais.

Técnica de *Pompage* Global

Paciente em decúbito dorsal, com os membros inferiores e superiores relaxados, e as palmas das mãos em posição anatômica. O terapeuta se colocará atrás da cabeça do paciente e posicionará suas mãos sobre a região occipital, com os polegares na região temporal, os indicadores na região mastóidea e os outros dedos em pequena flexão apoiados na região occipital, realizando em seguida um distencionamento fascial suave e progressivo no sentido cranial, seguindo a mesma forma e o tempo de aplicação de qualquer *pompage*. Essa manobra é extremamente relaxante e ajuda na eliminação de tensões a distância na cadeia posterior. Para potencializar os efeitos dessa manobra, podemos iniciar a fase do distencionamento partindo do segmento C7-T1 até o occipital (Figura 6.32).

Técnica de *Pompage* de Occipital

Paciente em decúbito dorsal. O terapeuta se posiciona atrás da cabeça do paciente, com a mão apoiada sobre seu frontal, e a outra mão na região occipital. Durante a expiração, será realizado apoio lento sobre o frontal na direção caudal, ao mesmo tempo em que se executa tração sobre a região occipital no sentido cranial. A tensão produzida pela manobra será mantida por três a quatro expirações. Essa manobra também pode ser utilizada para melhora da mobilidade de cervical alta em pacientes com hiperlordose alta de longa data e, consequentemente, hipomobilidade de cervical alta (Figura 6.33).

Técnica de Relaxamento Suboccipital

Mesmo posicionamento anterior, com a cabeça do paciente em posição neutra, as mãos do terapeuta colocadas na base do seu crânio, com os

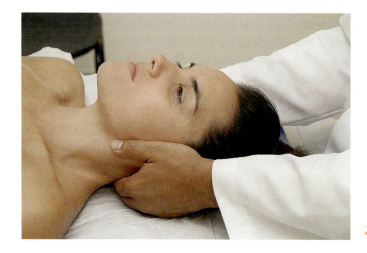

◥ **Figura 6.32** *Pompage* global

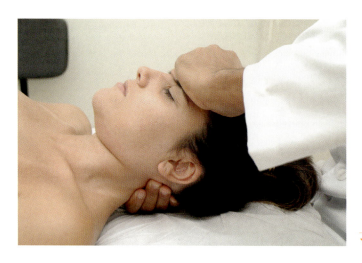

◥ **Figura 6.33** *Pompage* occipital

dedos fletidos, e as polpas digitais comprimindo suavemente os músculos suboccipitais e mantendo a mesma ação nestes músculos até perceber diminuição da resistência do tecido e, nas polpas digitais, a pulsação das artérias suboccipitais, o que pode ocorrer em alguns segundos ou mais (Figura 6.34).

Técnica de *Pompage* de ECM

Coloca-se o paciente em decúbito dorsal, com rotação de cabeça para o lado contralateral ao músculo a ser tratado. O terapeuta estará atrás da cabeça do paciente, com a mão cranial estabilizando a base do crânio, e a mão caudal apoiada sobre o externo, realizando em seguida pressão do externo para baixo, e tração suave na base do crânio no sentido cranial, durante a expiração, mantendo o estiramento e retornando lentamente (Figura 6.35).

Técnica de *Pompage* no Trapézio Superior

Coloca-se o paciente em decúbito dorsal, e o terapeuta atrás de sua cabeça, inclinando-a para o lado contralateral a ser tratado. Com a mão cranial, estabiliza a base do crânio, a mão cau-

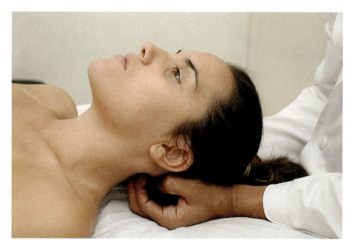

◣ **Figura 6.34** Relaxamento suboccipital

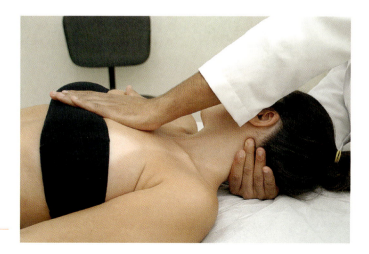

◣ **Figura 6.35** *Pompage* do ECM

dal apoiada no ombro em posição cruzada; em seguida, realiza tensão lenta e gradual em sentidos opostos nas duas mãos, mantém o estiramento e retorna lentamente à posição inicial (Figura 6.36).

Traço Miofascial em Trapézio – Fibras Superiores

Coloca-se o paciente em decúbito dorsal, com o terapeuta atrás de sua cabeça. Este segura a base do crânio, rodando e inclinando a cabeça para o lado contralateral a ser tratado, e na sequência desliza o polegar da outra mão, de modo suave, sobre as fibras superiores do trapézio. Outra opção é realizar o deslizamento com os punhos cerrados, com o paciente em decúbito ventral. O deslizamento deve ser realizado conforme a tensão da musculatura, podendo se repetir de uma a três vezes (Figuras 6.37 e 6.38).

Traço Miofascial em Trapézio – Fibras Médias e Inferiores

Coloca-se o paciente em decúbito ventral, com o terapeuta atrás de sua cabeça, que é rodada para o lado contralateral a ser tratado. O polegar é deslizado sobre as fibras médias e inferiores do trapézio, seguindo a mesma conduta da técnica anterior (Figura 6.39).

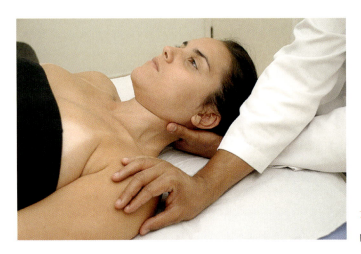

◣ **Figura 6.36** *Pompage* do trapézio superior

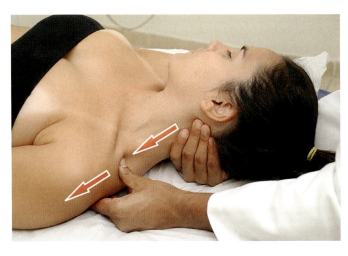

◣ **Figura 6.37** Traço miofascial com polegar no trapézio superior

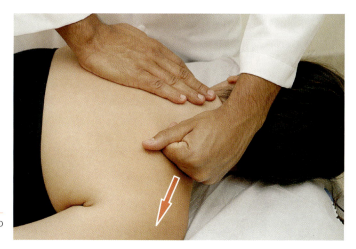

◣ **Figura 6.38** Traço com punho cerrado

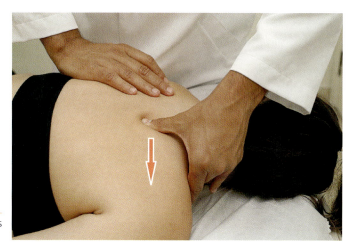

◣ **Figura 6.39** Traço miofascial nos trapézios médio e inferior

Técnica de Inibição de Ponto Gatilho no Trapézio Superior

Coloca-se o paciente em decúbito dorsal, com o terapeuta atrás de sua cabeça. Com uma das mãos, ele segura a base do crânio e inclina a cabeça para o lado contralateral a ser tratado; com o polegar da outra mão, exerce a pressão progressiva nas fibras do trapézio superior (Figura 6.40).

Técnica de *Pompage* do Elevador de Escápula

A posição é praticamente a mesma da *pompage* do trapézio superior, a única diferença consistindo no posicionamento da mão que fixa o ombro, a qual agora vai além do ombro, com o polegar posicionado posteriormente na espinha da escápula (Figura 6.41).

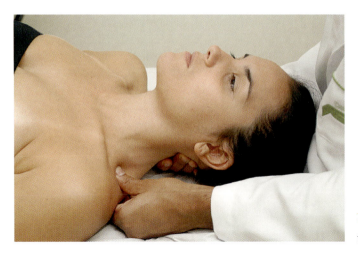

◤ **Figura 6.40** Inibição de ponto gatilho no trapézio superior

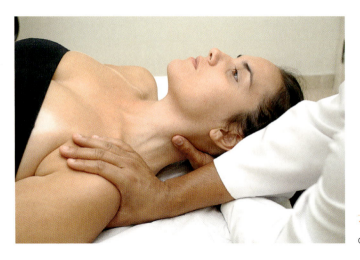

◤ **Figura 6.41** *Pompage* do elevador da escápula

Técnica de *Pompage* do Escaleno

Coloca-se o paciente em decúbito dorsal, o terapeuta à sua retaguarda, com o polegar no escaleno a ser tratado, precisamente na face posterior da primeira costela, e a outra mão fixada na região occipital. O polegar exerce pressão na região do ângulo do trapézio superior sobre o ECM, a tensão sendo obtida pela tração da mão que apoia o occipital (Figura 6.42).

Técnica de Inibição de Ponto Gatilho para o Músculo Longo do Pescoço

Coloca-se o paciente em decúbito dorsal, com o terapeuta atrás de sua cabeça, que é rodada para o lado contralateral a ser tratado. O terapeuta identifica o ECM e, medialmente a ele, localiza o músculo longo do pescoço, realizando em seguida inibição do tipo pressão progressiva com o polegar (Figura 6.43).

◤ **Figura 6.42** *Pompage* do escaleno

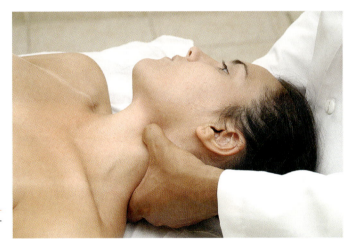

◤ **Figura 6.43** Inibição de ponto gatilho do longo do pescoço

◢ Alongamento dos Músculos Cervicais Anteriores com Protrusão Mandibular Associada

O encurtamento dos músculos cervicais anteriores, como os supra- e infra-hióideos, o platisma e o longo do pescoço, entre outros, é um fato comum em pacientes com má postura, o que aumenta a tensão dos músculos elevadores mandibulares e dificulta o processo de deglutição. Portanto, alongá-los torna-se primordial para a manutenção do sistema estomatognático (Figura 6.44).

Aplicação da Técnica

O paciente, sentado ou em decúbito dorsal, realiza inicialmente a extensão cervical ativa, e logo em seguida protrusão mandibular, mantendo esta posição por 20 segundos e retornando vagarosamente à posição neutra da cabeça. Pode-se repetir este procedimento três vezes.

É importante ressaltar que o paciente não deve realizar extensões exageradas da cervical, inclusive em decúbito dorsal. Ele é orientado a apoiar um pequeno rolo na cervical, para impedir um eventual excesso.

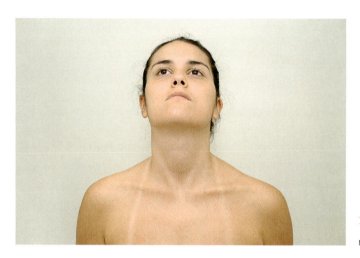

◣ **Figura 6.44** Alongamento dos músculos cervicais anteriores

Mobilização do Osso Hioide e Liberação Miofascial de Seus Músculos

A má posição do osso hioide (Figura 6.45) pode levar a uma série de alterações no sistema estomatognático, como aumentar a tensão dos músculos da mastigação, modificar a posição da cabeça, da mandíbula e da língua e alterar a ação da deglutição e até mesmo da respiração. Por isso, devemos mobilizar este osso e liberar todos os músculos que se inserem ou se originam a ele.

Aplicação da técnica

Com o paciente em decúbito dorsal, mobiliza-se lateralmente o osso hiode para um lado e depois para o outro. Percebe-se a mobilidade e, em seguida, mobiliza-se realizando lateroflexão, e depois do outro, até notar que ele está mais móvel e solto. Além da mobilidade do hioide, podemos também, para complementar o tratamento, realizar uma liberação miofascial profunda dos músculos que se inserem a ele (Figuras 6.46 e 6.47).

Uso da Bandagem Funcional Complementar no Tratamento das DTMs

A utilização da bandagem funcional tem sido realizada nas mais diversas formas e regiões do corpo. Suas principais funções são prevenção de lesões, a estabilização articular, a estimulação neuromuscular e proprioceptiva e a ativação do sistema linfático e circulatório.

A bandagem funcional desencadeia um estímulo somatossensorial com repercussão no sistema tegumentar. Dependendo da forma de aplicação da técnica, o músculo pode ser ativado ou relaxado. Além disso, sua utilização pode ocasionar outros efeitos benéficos como a estimulação do tônus, da analgesia, da consciência corporal e da propriocepção em geral. Existem algumas situa-

Tratamento Miofascial nas Disfunções Cervicocraniomandibulares **101**

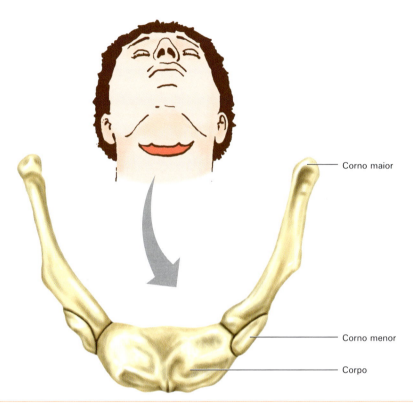

Figura 6.45 Localização do osso hioide

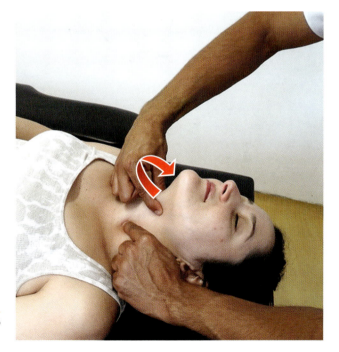

Figura 6.46 Mobilização do osso hioide

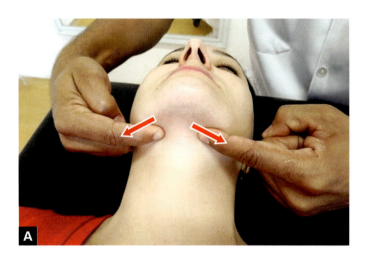

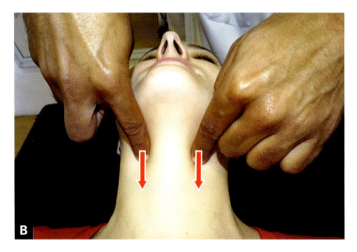

▼ **Figura 6.47** (**A** e **B**) Liberação miofascial profunda dos músculos hiodes

ções que contraindicam seu uso e por isso devemos realizar uma anamnese completa junto ao nosso paciente, evitando assim situações e efeitos indesejáveis. Entre algumas contraindicações, estão tumores malignos como carcinoma, gravidez, trombose, feridas abertas e pele alérgica. A bandagem funcional ainda é objeto de discussão de muitos profissionais e estudiosos sobre a eficácia ou não de sua aplicação, porém, na prática clínica, nos revela que podemos e devemos agregar esta técnica ao nosso tratamento, visto os vários benefícios que ela apresenta no tratamento das disfunções cervicocraniomandibulares.

Aplicação da técnica

Quando o objetivo da técnica é diminuir a ação muscular e o consequente relaxamento, devemos aplicar a bandagem da inserção muscular em direção à sua origem. Enquanto isso, quando aplicamos a bandagem da origem muscular em direção à inserção do músculo, o objetivo passa ser ativá-lo.

A seguir, veremos algumas formas de aplicação da bandagem funcional nos músculos da mastigação e ATM, bem como na cervical e na cintura escapular (Figuras 6.48 a 6.55).

Tratamento Miofascial nas Disfunções Cervicocraniomandibulares **103**

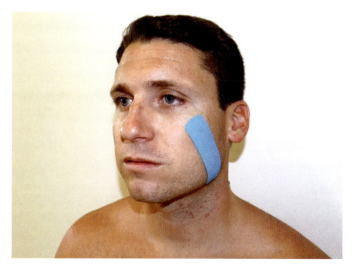

▼ **Figura 6.48** Aplicação no masseter

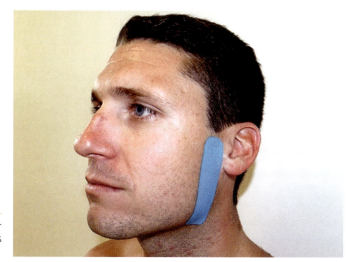

▼ **Figura 6.49** Aplicação para diminuição de tensão sobre os tecidos retrodiscais

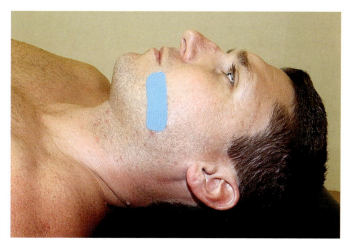

▼ **Figura 6.50** Aplicação no bucinador

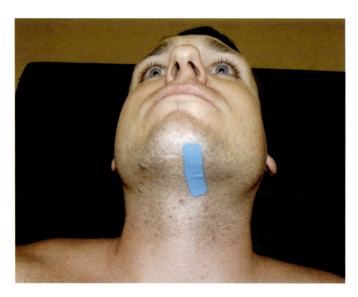

◥ **Figura 6.51** Aplicação nos supra-hióideos

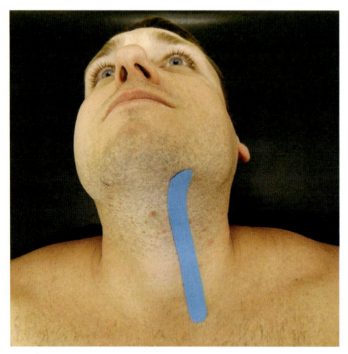

◥ **Figura 6.52** Aplicação nos infra-hióideos

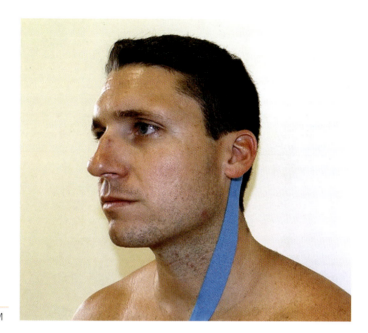

◤ **Figura 6.53** Aplicação no ECOM

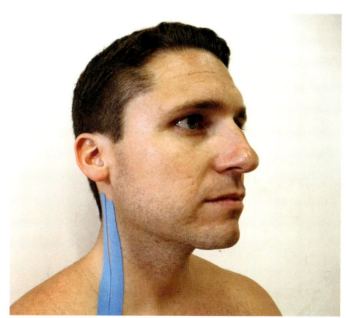

◤ **Figura 6.54** Aplicação no escaleno

106 Terapia Manual nas Disfunções da ATM

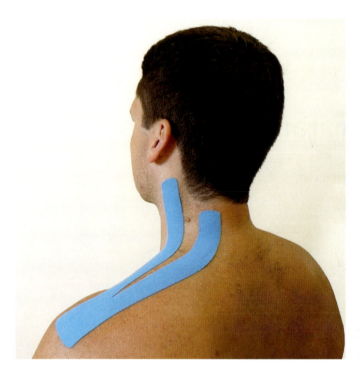

◤ **Figura 6.55** Aplicação no trapézio superior

7

Tratamento do Complexo Temporomandibular

 Tópicos Abordados

✓ Manobras de mobilização da ATM.
✓ Técnicas manuais na ATM.
✓ Técnicas para reposicionamento do disco articular.
✓ Técnicas de tratamento das alterações inflamatórias.
✓ Uso de abaixadores de língua como auxílio ao tratamento.
✓ Exercícios auxiliares com apoio da hiperboloide.
✓ Noções de tratamento para hipermobilidade.

 Introdução

A articulação temporomandibular (ATM) é conhecida pela complexidade de suas estruturas e sua perfeita "engrenagem". Quando essa articulação passa a trabalhar sobrecarregada, em virtude de sua extrema solicitação, suas estruturas se desgastam, alterando sua complexa biomecânica, o que provoca dor e desconforto ao paciente, caso não se tenha uma intervenção precisa de um profissional habilitado.

A dor oriunda da ATM pode ser decorrente de tecidos moles associados à articulação ou de tecidos ósseos, sendo que a dor proveniente destes últimos, em geral, ocorre após a perda da superfície articular fibrosa, à qual denominamos artrite. Já quando a dor decorre de lesões nos tecidos moles, ela é classificada de acordo com o tecido envolvido (p. ex., retrodiscite, capsulite, sinovite etc).

Há de se ter em mente que a mobilização da ATM é diferente de qualquer outra articulação, pois qualquer movimento de um lado leva a outro movimento no lado contralateral. Portanto, devemos estar seguros quanto à técnica a ser aplicada, e o momento adequado. Além disso, para o sucesso do tratamento de terapia manual nas disfunções temporomandibulares (DTM), o diagnóstico tem de ser preciso, o que exige um relato direcionado na anamnese. Se, por exemplo, o paciente sentia apenas dor, e com o passar do tempo ela evolui para estalido e desvio na abertura da boca, podemos estar diante de uma luxação de disco com redução; já se o paciente tinha estalido, e depois de algum tempo este evolui para dor sem estalido e restrição da abertura bucal, podemos estar diante de uma luxação anterior de disco sem redução. Nas DTM, uma alteração não tratada levará progressivamente a outra alteração ou distúrbio.

◆ Técnicas Manuais Articulares na ATM

As técnicas que veremos a seguir são técnicas de tratamento que visam a: aumento de abertura da boca, reposicionamento do disco articular, melhora do movimento articular, aumento do espaço articular (dimensão vertical do côndilo), aumento da lubrificação pelo líquido sinovial, prevenção e/ou interrupção do processo degenerativo, relaxamento capsular, diminuição da pressão sobre os tecidos moles, alívio da dor e redução do quadro inflamatório. Enfim, as técnicas serão empregadas de acordo com a patologia do paciente, que podem ser: luxação anterior do disco com redução ou sem redução, desgaste ou alterações das superfícies articulares, deslocamento do complexo condilodiscal, lesões nos tecidos moles (sinovite, retrodiscite etc.), hipermobilidade e hipomobilidade.

Manobras Básicas da ATM

Mobilização (distração) inferior ou longitudinal ou caudal

Coloca-se o paciente em decúbito dorsal, com o terapeuta sentado atrás dele (Figura 7.1). Vamos determinar que o lado a ser tratado será o esquerdo. Devemos, então, rodar a cabeça do paciente para o lado direito e apoiar a mão e o antebraço em sua região temporal, com o polegar colocado dentro de sua boca na região dos molares inferiores esquerdos. A mobilização será feita no sentido caudal de modo suave, ritmado e com pouquíssima amplitude de movimento (1 a 2mm), com duração de 6 segundos, realizando seis repetições e evitando irritação nos tecidos envolvidos. Em casos esporádicos, também podemos realizar essa manobra com o paciente sentado e o terapeuta posicionado do lado contralateral ao lado tratado ou ainda por trás dele, estabilizando a cabeça do indivíduo (Figura 7.2). Esse tipo de manobra costuma ser realizado quando o movimento da boca não é "suave", há desvios da linha média e limitação de abertura bucal, a cápsula articular é retraída e tensa, no caso de luxação anterior de disco com redução ou sem redução, e para alívio do quadro álgico e inflamatório.

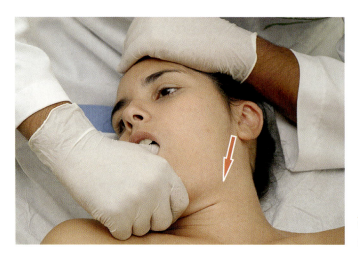

◀ **Figura 7.1** Distração inferior em decúbito dorsal

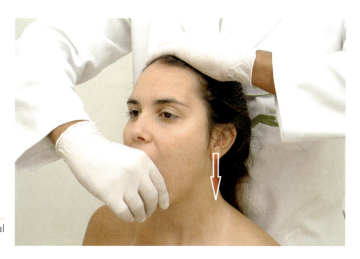

Figura 7.2 Distração longitudinal na posição sentada

Mobilização (distração) lateral

Esse tipo de manobra tem muita eficácia, principalmente quando se quer ganhar amplitude de movimento e quando há limitação de lateralidade mandibular. No entanto, nos casos em que há hipermobilidade, luxação anterior de disco com redução tipo III, luxação anterior de disco sem redução e luxação posterior de disco, não deverá ser utilizado.

As posições serão praticamente as mesmas da manobra anterior, mudando apenas a posição do polegar dentro da boca do paciente, pois o contato também será na região dos molares inferiores, em sua face oral, sendo a mobilização feita no sentido horizontal (lateral), como se quisesse levar o côndilo para fora (Figuras 7.3 e 7.4). Esse exercício pode ser feito com duração e séries iguais às da mobilização inferior.

Mobilização (distração) medial

Esse tipo de manobra, além de indicada para desbloqueio articular, é muito eficaz quando há diminuição ou limitação na lateralidade mandibular, e em alguns casos utilizada quando há certeza de que o disco está luxado medialmente.

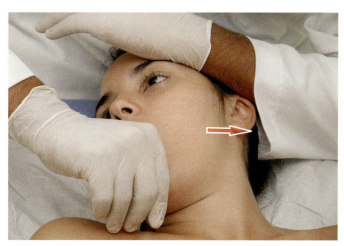

Figura 7.3 Distração lateral em decúbito dorsal

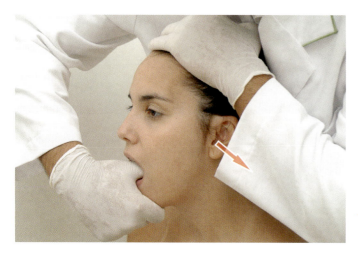

◀ **Figura 7.4** Distração lateral na posição sentada

O paciente poderá estar sentado ou em decúbito dorsal, com a cabeça em posição neutra; o terapeuta ficará por trás ou ao lado da cabeça do paciente, precisamente do lado contralateral ao lado a ser tratado. Uma das mãos será colocada na região temporal e frontal do paciente e executará um movimento de rotação do crânio no sentido do lado a ser tratado, a mandíbula estabilizada pela outra mão, ocorrendo, assim, uma medialização do côndilo mandibular (Figura 7.5). Essa manobra segue as mesmas duração e série das anteriores.

Mobilização (distração) inferior com projeção anterior

O posicionamento será o mesmo da distração inferior e lateral. Após ser feita a distração no sentido caudal, mantém-se esta e realiza-se um movimento de pequena amplitude no sentido anterior. Tal manobra pode ser feita de duas a quatro vezes (Figura 7.6). Esse tipo de procedimento é realizado quando há restrições para protrusão mandibular e luxação anterior de disco com redução tipos I e II e, às vezes, do tipo

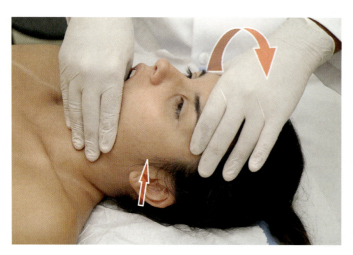

◀ **Figura 7.5** Distração medial. A mão cranial deve empurrar suavemente a cabeça do paciente para um lado e a mão caudal estabilizando a ATM do lado esquerdo, promovendo a distração medial deste côndilo

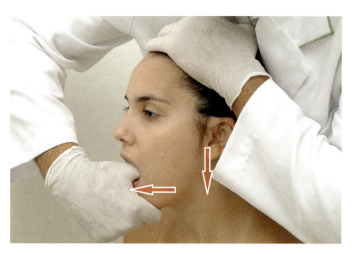

◥ **Figura 7.6** Distração inferior com projeção anterior

III. É muito importante saber exatamente em que momento se reposiciona o disco na abertura da boca, não sendo aconselhável utilizar essa manobra nas reduções de disco após 30mm de abertura de boca (tipo III) e em casos de hipermobilidade. Logo, essa mobilização deve ser feita de forma precisa, pois, quando feita a projeção anterior, o côndilo pode empurrar o disco e fazer com que uma luxação até então redutiva se torne sem redução. Essa manobra também é excelente para alongar o músculo pterigóideo medial e para diminuir a pressão do côndilo sobre as estruturas posteriores.

Técnicas para Deslocamento Anterior de Disco

Entre as lesões articulares existentes na ATM, os deslocamentos do disco são as mais comuns, sendo o deslocamento (luxação) anterior com redução a mais frequente. Quando o disco está deslocado anteriormente, a tendência é o côndilo se articular com a fossa do temporal e, com isso, comprimir estruturas nobres da articulação, como os tecidos retrodiscais ou a zona bilaminar, além de comprimir nervos e estruturas vasculares, alterando o aporte sanguíneo. Tal fato poderá levar até mesmo à necrose de estruturas ósseas, como já citado.

Na luxação anterior de disco com redução, os quatro tipos de mobilizações podem ser utilizados. O que vai determinar qual manobra utilizar é o tipo de luxação anterior. Nas luxações tipo I (0 a 10mm) e tipo II (11 a 30mm), poderão ser utilizados os quatro tipos de distração articular; já na luxação tipo III (após 30mm), somente podem ser feitas as distrações inferior e medial. Enquanto isso, a distração lateral terá de ser feita com cautela e não será possível fazê-la quando o paciente apresentar hipermobilidade. Já a distração inferior com projeção anterior também no tipo III não poderá ser realizada, pois, ao executá-la, o côndilo pode bater na parte posterior do disco e assim empurrá-lo mais à frente, provocando uma luxação não redutível, e consequentemente limitação da abertura da boca.

Resumidamente, o tratamento para casos de deslocamento do disco deve ser realizado inicialmente com as distrações caudal, medial e lateral (exceto na hipermobilidade), a liberação miofascial dos músculos elevadores (masseter, pterigóideo medial e temporal) e da região cervical, as orientações ao paciente com o objetivo de que ele evite a abertura exagerada da boca, como bocejar colocando a língua no palato e evitar a ingestão de alimentos de dimensões ou espessuras grandes. Além disso, exercícios que estimulem a artrocinemática condilodiscal podem ser também prescritos e realizados pelo próprio paciente (autotratamento), como fazer resistência contra sua própria mão, com uma abertura da boca de no máximo 30 a 35mm, ou ainda o abrir e fechar a boca com a língua no palato associada a uma suave resistência para abertura com os próprios polegares. Esta é uma das principais atividades para manter a integridade do complexo condilodiscal, já que trabalha em especial a fase de rotação condilar (Figura 7.7).

Existe ainda uma manobra de manipulação, específica para os casos de deslocamento anteromedial (mais comuns) recente do disco, mas que deve ser realizada o mais precocemente possível, preferencialmente nas primeiras 24h da lesão.

Aplicação da técnica

A manobra pode ser realizada com o paciente em decúbito dorsal ou sentado. O terapeuta posiciona o polegar nos molares inferiores, do lado do deslocamento, realiza uma distração inferior e, em seguida, faz uma projeção anterior com leve medialização, finalizando a manobra com um movimento no sentido posterior de pequena amplitude e grande velocidade. Esta manobra, podemos utilizar também em alguns casos de deslocamento discal sem redução (Figura 7.8).

Técnicas para Tratamento dos Desgastes ou Alterações das Superfícies Articulares

Os desgastes ou alterações articulares podem ser congênitos ou adquiridos, e, para ambos, no que diz respeito ao tratamento manual, a atividade será a mesma.

A forma congênita é de causa desconhecida, porém a adquirida mostra-se como consequência de lesões ou alterações não tratadas na ATM.

◤ **Figura 7.7** Exercício para o complexo condilodiscal

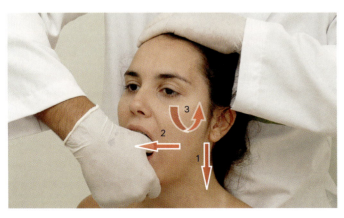

◤ **Figura 7.8** Técnica de recaptura do disco

Quando as superfícies articulares onde a fossa é côncava e o côndilo é convexo começam a se atritar, pelo deslocamento do disco, ocorrem o desgaste das superfícies articulares e a perda da estabilidade articular. No tratamento, o objetivo será aumentar o espaço articular e diminuir o atrito entre as estruturas com as distrações caudal, lateral e medial. Provavelmente, o paciente deverá sentir dor e incômodo no início. Por isso, devemos utilizar recursos eletroterápicos, como o *laser* e a TENS, além de termoterapia e ultrassom.

Deslocamento do Complexo Disco-Cabeça da Mandíbula

O deslocamento do complexo disco-cabeça da mandíbula ocorre, em geral, em pacientes com hipermobilidade durante uma abertura exagerada da boca, como no caso de morder um alimento grande ou bocejar. Essa alteração também pode ocorrer em episódios em que se exija abertura prolongada da boca, como nos casos de extração de terceiro molar.

O deslocamento ocorre no momento em que o côndilo translada além do limite, ultrapassando a eminência do osso temporal, o que provoca o chamado travamento aberto, quando o paciente se mantém com a boca travada em abertura sem conseguir que ela retorne à posição original, provocando intenso espasmo da musculatura elevadora de mandíbula e dor aguda.

Para reduzir esse deslocamento ou luxação, deve-se tranquilizar o paciente e solicitar-lhe uma abertura ainda maior da boca, apoiar os polegares nos molares inferiores e forçar a abertura, realizando em seguida uma tração simultânea para a frente e para baixo, logo depois rodando posteriormente até sua redução (Figura 7.9). Quando a manobra é bem-sucedida, ocorre um fechamento súbito da boca. Por isso, os polegares do terapeuta devem estar protegidos com panos e gases, entre outros, no intuito de prevenir acidentes.

Ao ocorrer este tipo de problema com o paciente, devemos orientá-lo a limitar a abertura da boca, pois pode haver recidiva, e iniciar logo exercícios de estabilização mandibular com propriocepção. Eles serão citados adiante neste capítulo.

Técnicas de Tratamento para Alterações Inflamatórias

Sinovites

Geralmente são causadas por traumatismos sequenciais, como microtraumatismos. As sinóvias anterossuperior e anteroinferior, ligadas na borda anterior do disco, são lesionadas, em geral,

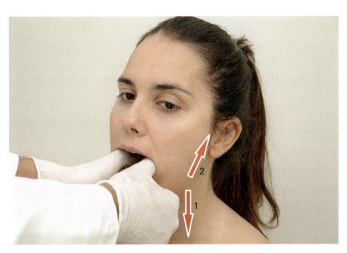

▼ **Figura 7.9** Manobra para redução de luxação

quando o paciente apresenta hipermobilidade. Já as sinóvias posteroinferior e posterossuperior são traumatizadas quando há luxação anterior do disco, e o côndilo exerce uma pressão no bordo posterior da cavidade articular, exatamente onde estão inseridas.

O tratamento tem como objetivo aumentar o espaço articular, recapturar o disco e limitar a abertura da boca, assim como aliviar a dor e o quadro inflamatório. Devem-se utilizar as manobras de distração inferior, medial e lateral que não provoquem dor, e, preferencialmente, *laser* GaAs 904 (Figura 7.10). Na região das sinóvias, quando na anterior mantemos o paciente com a boca fechada para deixá-la mais exposta, e na posterior ele fica com a boca semiaberta pelo mesmo motivo. Além da laserterapia, ainda podemos utilizar a crioterapia e até mesmo o ultrassom, preferencialmente de 3MHz (Figura 7.11).

Retrodiscite

A retrodiscite ocorre quando o côndilo se posterioriza, diminuindo seu espaço funcional articular e traumatizando as estruturas posteriores (tecidos retrodiscais). Um caso muito comum de retrodiscite ocorre em consequência de traumatismos no

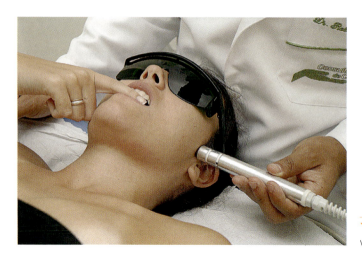

▼ **Figura 7.10** Laserterapia na sinóvia posterior

▼ **Figura 7.11** Aplicação do ultrassom nos casos de sinovites

mento, quando os côndilos são deslocados posteriormente, exercendo pressão contra os tecidos retrodiscais e desencadeando um processo inflamatório que muitas vezes tem a presença de edema. Isso força o côndilo a se projetar anteriormente, o que pode provocar má oclusão. Outras formas de se provocar a retrodiscite são os deslocamentos do disco, as protrusões e as aberturas bucais prolongadas, lesões em "chicote", entre outras.

O sangramento nos casos mais graves de lesões articulares poderá provocar aderência das superfícies articulares e até mesmo ancilose. Em função desse risco, é importante, durante o tratamento, manter a cápsula alongada, orientando o paciente, que, além de realizar as sessões de tratamento, também deve fazer um autotratamento domiciliar com distração caudal (Figura 7.12), de 10 a 15s, com dez repetições (duas séries por dia). Nas primeiras 48 horas, essa distração deve ser realizada de modo bem suave, seguida de exercícios ativos, como projeção anterior, projeção anterior com abertura e fechamento da boca sem contato dos dentes, para manter a mobilidade. Nesses casos, durante a fisioterapia deve-se fazer uso associado do *laser* à crioterapia, objetivando a cicatrização dos tecidos acometidos. Este autotratamento também pode ser recomendado para pacientes que apresentem alterações musculares crônicas, comuns nos pacientes de DTM.

Uso auxiliar de abaixadores de língua ao tratamento

Os abaixadores de língua apoiados nos molares também são uma ótima opção para auxiliar o tratamento de terapia manual em casos, principalmente, de hipomobilidade articular e para manutenção da flexibilidade de cápsula e músculos. A técnica consiste em colocar abaixadores de língua ou palitos, empilhados um em cima do outro, apoiados nos molares bilateralmente, sem que eles estejam com qualquer folga, devendo-se respeitar a relação de 3:1. Ou seja, o número de abaixadores de língua utilizados deve corresponder a um terço da abertura de boca do indivíduo (Figura 7.13). A técnica pode ser utilizada ao final de cada sessão, pois melhora e/ou mantém o arco de movimento obtido no tratamento, mas vale ressaltar que ela não tem a finalidade de ganhar o arco, e sim mantê-lo. Por isso, não deve ser forçado e com dor.

Ao final do tratamento, utilizamos séries de exercícios ativos livres para movimentos mandibulares e cervicais, e, em seguida, com resistência (isometria), além de exercícios de propriocepção.

◣ **Figura 7.12** Autotratamento articular domiciliar

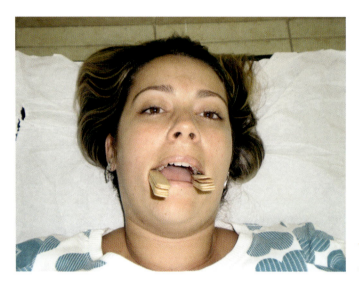

▼ **Figura 7.13** Uso de abaixadores de língua para manter ADM

Exercícios Terapêuticos Auxiliares com Hiperboloide

Além do tratamento articular manual, os exercícios terapêuticos são importantes, pois, por meio deles, promovemos melhora da função muscular e articular, e ainda podemos trabalhar de modo ativo o disco articular. Geralmente, utiliza-se uma estrutura cilíndrica de silicone chamada hiperboloide, que é colocada entre os dentes, realizando os movimentos mandibulares de acordo com o objetivo: auxiliar os movimentos mandibulares, promover fortalecimento e/ou flexibilidade muscular, melhorar a propriocepção e até mesmo remodelar o disco. A seguir, observe alguns exemplos de aplicação do exercício.

Em paciente que apresente luxação anterior de disco articular grau I, realiza-se a protrusão mandibular, e logo após promove-se o aperto da estrutura da hiperboloide, fazendo com que, internamente, o côndilo mandibular pressione o disco articular. Em seguida, executa-se uma leve retrusão, esperando, com isso, obter o remodelamento do disco articular. Essa técnica também é utilizada quando o disco está hipomóvel ou aderido, e para o ganho do movimento de protrusão, assim como para fortalecimento muscular de protrusores e elevadores cooperando na estabilização do disco (evitando seu uso excessivo) (Figura 7.14).

Outra forma de aplicação da técnica é utilizando a hiperboloide associada a movimentos de lateralidade (Figura 7.15). Ao realizar o exercício, pede-se para comprimir a estrutura de silicone, faz-se a lateralidade e, em seguida, retorna-se à posição inicial. Com isso, realiza-se o fortalecimento muscular, principalmente dos elevadores, e melhora-se o movimento de lateralidade. Já quando se executa o movimento do lado contrário, fortalece-se o pterigóideo lateral inferior, além de obter-se a remodelagem do disco do lado de balanceio.

Tratamento de Pacientes com Hipermobilidade

Na hipermobilidade, devemos dar ênfase a técnicas de estabilização da ATM, já que seu portador apresenta frouxidão ligamentar e capsular irreversíveis. Inicialmente, o paciente deve ser orientado

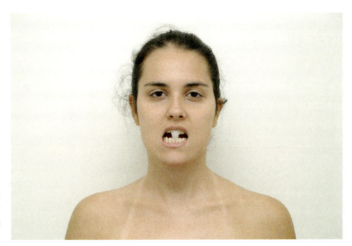

◣ **Figura 7.14** Técnica de rolar condilodiscal posterior com movimentos de protrusão

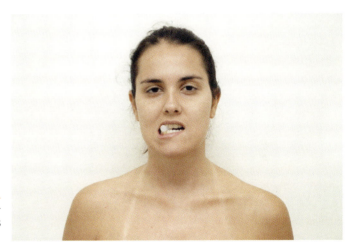

◣ **Figura 7.15** Técnica da hiperboloide em lateralidade (na altura dos caninos)

a evitar a ingestão de alimentos muito grandes, apoiar a palma da mão no queixo ao realizar bocejos excessivos, para evitar aberturas exageradas, e manter sempre a postura correta da língua atrás dos incisivos, além da correta postura corporal dos ombros, da cabeça e do pescoço.

Convém evitar as manobras articulares, no intuito de prevenir estiramentos excessivos sobre a cápsula e os ligamentos. Em casos esporádicos, quando o paciente relata sensação de tensão durante os movimentos mandibulares, pode-se utilizar a manobra de distração longitudinal suavemente, com pouca amplitude e com poucas repetições. Já as manobras miofasciais são uma boa opção para o alívio da dor e da tensão musculares, além de aumentarem sua vascularização e sua resistência durante os exercícios de estabilização. Os exercícios serão do tipo isométricos leves de resistência (200g) para fechamento, abertura, protrusão e incursões laterais de 3 a 6 segundos, relaxando pelo mesmo tempo, por aproximadamente seis repetições. Devem ser realizados com o paciente relaxado e respiração diafragmática, a língua encostada no palato. Também podem ser realizados pelo próprio paciente, como autotratamento (Figura 7.16).

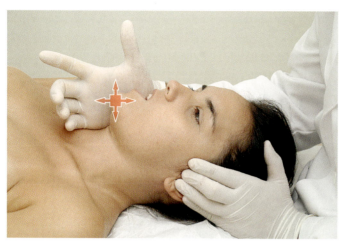

◤ **Figura 7.16** As setas indicam os movimentos a serem realizados pela mandíbula, com resistência para cada um deles. Tal resistência é realizada pelo terapeuta ou pelo próprio paciente, nos quadros de hipermobilidade

8

Terapia Craniana nas Disfunções da Articulação Temporomandibular

Hermínio Marcos Teixeira Gonçalves

Tópicos Abordados

- ✓ Movimento respiratório primário (MRP).
- ✓ Ações do MRP.
- ✓ Resumo da anatomia craniana.
- ✓ Biomecânica mandibular durante o MRP.
- ✓ Avaliação craniana específica.
- ✓ Noções do tratamento.
- ✓ Mecânica craniana *versus* DTM.

Introdução

"Somos afortunados porque em nosso íntimo habita não um, mas dois grandes primatas. E os dois, juntos, nos permitem construir uma imagem de nós mesmos consideravelmente mais complexa do que a que a biologia nos tem apresentado nos últimos 25 anos. A ideia de nós, humanos, como criaturas puramente egoístas e perversas, com uma moralidade ilusória, carece de revisão. Se em nossa essência somos grandes primatas, como eu suponho, ou se pelo menos descendemos da mesma linhagem dos outros grandes primatas, como todo biólogo supõe, nascemos com uma gama de tendências que vão das mais vis às mais nobres. [...] Como esse animal conquistou a dominância sobre todos os demais, é ainda mais importante que ele se olhe com honestidade no espelho para conhecer tanto seu arqui-inimigo quanto seu aliado, pronto para ajudar a construir um mundo melhor (De Waal, 2007)." Franz de Waal vai muito mais além ao escrever o último parágrafo de seu livro *Eu, primata*, de 2007. Interessantes pesquisas descritas por Torstem Liem revelam que podemos ficar de frente para uma projeção de pessoas com faces diferentes, faces contentes, neutras ou sérias e cada uma dessas faces permanecer em nossa frente por apenas 400ms, ou seja, projeções rápidas. E ao se colocar diversos eletrodos em nossa face para se mapear a atividade elétrica muscular a fim de se realizar uma leitura de qual seria a face que estamos tendo durante as projeções, contente, neutra ou séria. Seria bastante fácil copiarmos as faces se o que está em nossa frente fosse uma face neutra, porém se for projetada uma face contente teríamos mais dificuldade em repeti-la. E se for projetado uma face triste faríamos imediatamente uma cópia desta. Ao acelerarmos as projeções para 40ms, seguiríamos copiando essas faces e não são apenas os músculos da face os ativados, e sim uma cascata hormonal e nosso sistema neurovegetativo (Ekman, 1993). Outra pesquisa interessante é, se em um grupo de 100 pessoas, 99 estão com rostos felizes e uma com o rosto fechado você olhará mais para essa cara fechada por motivos filogenéticos (luta ou fuga). E sua face ficará um pouco fechada, pois vai copiar o outro (interconexão). Por isso, se temos um indivíduo não muito contente, ele irá influenciar outros (Liem, 2016). Darwin descreveu que a manifestação das emoções e seu reconhecimento fazem parte de uma herança biológica independente de regiões, línguas e sociedades. As teorias evolutivas tratam da maneira como as emoções foram herdadas pelos humanos, podendo ter sido selecionadas nos hominídeos. Enumera uma série de traços da expressão emotiva nos homens e nos animais. As emoções, segundo Darwin, podem ser explicadas por meio de três princípios:

1. **Princípio dos hábitos associados úteis**: ações despertadas no organismo que tiveram alguma utilidade em estados de espírito distintos no passado e que, ao menor sinal desses estados no presente, há uma tendência em repeti-las por associação e hábito, mesmo que não tenham função aparente.
2. **Princípio da antítese**: quando um estado de espírito contrário é induzido, há tendência involuntária para a execução de movimentos opostos, mesmo que nunca tenham sido úteis.
3. **Princípio das ações diretas do sistema nervoso**: ações reconhecidas como indicadoras de certos estados de espírito são diretamente atribuídas à constituição do sistema nervoso, desde o início independentes do hábito e da vontade. Darwin explica como as emoções foram herdadas por sucessivas gerações, sem atentar para o fator linguístico e cultural, por serem esses estágios mais tardios do ponto de vista evolutivo.

James (1890) diz que a emoção é a percepção de diferentes mudanças corporais que denotam um estado emotivo. Assim, as emoções são resultado da percepção das reações fisiológicas e comportamentais desencadeadas no corpo por determinado evento externo ou interno. Para James, o corpo desencadeia as emoções; para Darwin, o corpo é o lugar onde as emoções são manifestadas. E a área da face, principalmente o sistema estomatognático e a articulação temporomandibular, responde muito bem às alterações da emoção.

Os segmentos do corpo humano, assim como as funções hegemônicas, estão anatômica e funcionalmente relacionados de tal modo que se endereçando a uma parte do indivíduo toca-se o conjunto dele (Souchard, 1986). As posições das ATM, língua e mandíbula, pescoço e cabeça, coluna vertebral, região inframandibular e passagem de ar estão inter-relacionadas, caracterizando um octógono de prioridade funcional (Simões, 1996 e Catach & Hajjar, 2001). Compreender que o corpo humano é totalmente ligado por um tecido musculoaponeurótico, que interfere no sistema osteoarticular, permite ao profissional que se prontifica a fazer uma análise postural entender os processos de adaptação descendentes e ascendentes do corpo, a fim de reinserir o equilíbrio perdido devido à instalação de uma deformidade (Machado & Lima, 2004). Isso, em osteopatia, pode ser considerado como uma cadeia disfuncional. A alteração de uma unidade biomecânica provocará, pelo refinamento dos sistemas de controle postural, a acomodação das estruturas corporais próximas ou distantes dela (Farah & Tanaka, 1997).

E isso pode ser notado forma de perda de mobilidade tridimensional nos diferentes tecidos. A desorganização de um segmento do corpo implicará uma nova organização de todos os outros, assumindo então uma postura compensatória, a qual também influenciará as funções motoras dependentes (Souchard, 1986). Sequelas podem ser encontradas isoladas ou em grupos de sinais e sintomas que estão associados às relações estruturais falhas e/ou atividades funcionais mandibulares alteradas (Norman, 1991). Dentro do consultório, é muito comum encontrar indivíduos que trazem estes aspectos da emoção e a consequência tecidual no sistema craniomandibular muito relacionado. O estudo das disfunções temporomandibulares (DTM) envolve polêmicas e desacertos e, diante da vasta sintomatologia, torna-se impossível seu tratamento sem uma visão global dos pacientes (Gomes, 2005). Uma lesão na área mandibular é, eventualmente, capaz de modificar o jogo normal do tônus postural (Gagey & Weber, 2000). A presença de desequilíbrios entre a postura da mandíbula com relação ao restante do sistema esquelético aparece, frequentemente, como fator contribuinte para o surgimento de problemas do quadrante superior do corpo com efeitos na mastigação, na deglutição, na fonação e na respiração (Machado & Lima, 2004). Qualquer mudança nos músculos da mastigação tem efeito em outros músculos da cabeça e do pescoço (Okeson, 1992).

A posição de repouso adequada da articulação temporomandibular é a posição correta do côndilo na cavidade glenoide e na eminência com a área de contato do côndilo na parte anterior da cavidade glenoide até o centro da eminência, tendo um espaço articular posterior que, ocupado pela lâmina bilaminar e um espaço superior. O menisco articular encontra-se interposto entre a parte posterior da eminência e a parte anterior da cavidade estando com pressão articular normal, tensão normal do sistema cápsula ligamentar e atividade eletromiografica normal dos músculos para restabelecer a relação cêntrica de repouso (estática) e a capacidade funcional e normal da articulação. Esta depende da relação craniocervical normal (posição do crânio em relação à coluna cervical) e da relação craniomandibular (disfunção craniana – oclusão) (Instituto Docusse de Osteopatia e Terapia Manual, 2006).

Este capítulo tem como objetivo chamar a atenção dos terapeutas que tratam a articulação temporomandibular (ATM) para a importância da mecânica craniana. Não temos a pretensão de ensinar essa terapia utilizando somente uma pequena parte de um livro. Portanto, será comum que surjam dúvidas e curiosidades com relação a essa incrível técnica que se tem mostrado extremamente eficiente no tratamento de disfunções temporomandibulares (DTM), dores orofaciais e cefaleias, estimulando, assim, seu estudo mais profundo ou até uma futura formação em terapia craniana.

A osteopatia foi criada pelo médico americano Andrew Taylor Still (1828-1917) em 1874, quando surgiram os fundamentos filosóficos e práticos dessa terapia. Foi introduzida por John Martin Littlejohn (1865-1947) na Inglaterra, em 1917, e por Paul Geny na França, em 1957.

Já o tratamento craniossacral foi desenvolvido pelo médico americano Willian Garner Sutherland na década de 1930. Sutherland, que abandonou sua profissão para estudar com o Dr. Still em Missouri (EUA), teve a atenção voltada às estranhas formas das superfícies de união entre ossos de um crânio dissecado, indagando-se que aquela estrutura seria fruto de um movimento articulado. Tempos depois, ficou comprovado que as estruturas eram interligadas por membranas no crânio e que seu movimento estava coordenado por meio delas.

Ao palpar o crânio de seus pacientes, Sutherland passou a perceber que ele se movia realmente de modo independente dos ritmos cardíaco e respiratório. Chegou à conclusão de que o cérebro tem um movimento próprio, que existiam flutuações regulares e rítmicas do líquido cefalorraquídeo no encéfalo e mobilidade das membranas e dos ossos do crânio. O médico iniciou seus estudos construindo um "casco" em que podia exercer pressão em determinados pontos de sua própria cabeça, explorando os efeitos das restrições dos ossos e das membranas do crânio, relacionan-do-as com alucinações, cefaleias, distúrbios dos olhos e das orelhas. Durante os estudos, surpreendeu sua esposa com suas mudanças de personalidade e problemas de mastigação, observando em si mesmo os resultados, até apresentá-los publicamente.

A biomecânica cranial tem fator fundamental nos distúrbios da ATM, que muitas vezes sofre lesão tecidual em suas estruturas (disco articular, tecido retrodiscal, membrana sinovial, cápsula articular, ligamentos, nervos auriculotemporal, massetérico e temporal e suas estruturas de vascularização) que podem ser, na verdade, consequência de alterações na mecânica craniana, resultados do mau posicionamento do osso temporal e/ou da mandíbula.

Para entendermos a biomecânica da ATM no movimento cranianos precisamos conhecer em primeiro lugar o movimento respiratório primário (MRP), a "bomba propulsora" da biomecânica craniana.

Movimento Respiratório Primário (MRP)

O MRP é o movimento fisiologicamente involuntário e rítmico de expansão e retração do crânio, independentemente dos ritmos cardíacos e pulmonares, que se transmite aos ossos do crânio e ao corpo em movimentos de forma rítmica e sutil. É um mecanismo de regulação do corpo e manutenção da homeostase e autocura do organismo.

Fisiologicamente, ocorre um movimento de expansão e retração no cérebro e no resto do corpo, apresentando-se com uma fase inspiratória (flexão) e expiratória (extensão) do MRP, em uma frequência que varia de 6 a 14 ciclos por minuto.

Vários autores puderam comprovar a existência desse ritmo, bem como um grande número de praticantes da terapia craniossacral. Contudo, como veremos, sua frequência pode variar, o que nos dá uma ideia de que esse ritmo existe realmente, porém, em termos de frequência, pode variar de pessoa para pessoa, de estados de enfermidade ou saúde. Os fatores que compõem o mecanismo do MRP são:

- Motilidade (movimento inerente) do cérebro e da medula espinal.
- Flutuação do líquido cefalorraquidiano (LCR).
- Mobilidade das membranas intracraniais e intraespinais.
- Mobilidade dos ossos do crânio.
- Mobilidade involuntária do sacro entre os ilíacos.

Estudos sobre o Movimento Respiratório Primário

- **Libin (1982)**: alterações de 2 a 3mm são relatadas em dimensão transversal através das maxilas, como medido nos segundos molares depois da à terapia craniosacra.
- **Baker (1970)**: mediu-se a alteração rítmica na largura da arcada maxilar em um único indivíduo, mostrando uma variação média de 1,5mm em largura, aproximadamente 9 vezes por minuto.
- **Adams et al. (1992)**: um instrumento foi preso à sutura sagital medial de gatos adultos anestesiados. Foram avaliadas as alterações na pressão intercraniana (hipercapnia forçada), a injeção de LCR artificial e a norepinefrina, assim como a força aplicada externamente. Registraram-se várias respostas diferentes, com a conclusão geral de que a complacência craniana, frente à força, é definida, pelo menos em parte, pela mobilidade da sutura craniana e que o movimento parietal foi demonstrado.
- **Woods & Woods (1961)**: a palpação manual de 102 pacientes psiquiátricos indicou uma média de taxa de IRC de 6,7 ciclos/minuto; 62 indivíduos normais tiveram a média de 12,47 ciclos/minuto e pacientes que haviam sido submetidos à lobotomia frontal mostraram a média de 4 ciclos/min.

- **Frymann (1971)**: um dispositivo de medição mecânica foi construído para registrar alterações de circunferência na cabeça assim como nos ritmos cardíacos e respiratórios. Foi demonstrado um terceiro ritmo, variando de 6 a 12 ciclos/minuto, independentemente dos dois outros ritmos registrados.
- **Greenman (1970)**: o relacionamento entre o esfenoide e o basioccipíto foi avaliado por radiografia em 25 pacientes que mostravam desvios estruturais/mecânicos aparentes, descritos por Sutherland (1939), contemplando flexão, extensão, curva lateral, torção e padrões de distensão vertical e lateral.

Ações do Movimento Respiratório Primário (MRP) no Organismo

O MRP pode influenciar várias funções orgânicas, como:
- O metabolismo do sistema nervoso central.
- Os centros dos nervos cranianos e os centros vitais do terceiro e do quarto ventrículos.
- O transporte das substâncias neuro-hipofisárias.
- A drenagem venosa do cérebro.
- O equilíbrio bioquímico e bioelétrico do corpo.
- O intercâmbio de líquidos no organismo.
- O ritmo ainda pode ser utilizado pelos osteopatas craniossacros para o diagnóstico e o tratamento das estruturas do corpo.

O movimento respiratório primário tem estreita relação com vários sistemas corporais. Entre eles, citamos o:
- Sistema nervoso neurovegetativo.
- Sistema musculofascioesquelético.
- Sistema arteriovenoso.
- Sistema respiratório.
- Sistema endócrino.
- Sistema visceral.

Resumo da Anatomia Craniana

Abóboda Cranial

A abóboda cranial protege o sistema nervoso contra os choques, os impactos e o meio externo. Os grandes ossos planos da abóboda cranial unem-se medialmente e formam-se diretamente através do tecido conectivo circundante, o que lhe permite ter uma maior flexibilidade óssea para se adaptar aos movimentos da base do crânio.

Tem como principais elementos: a escama frontal, os ossos parietais, a escama do temporal, a porção superior da escama occipital e a asa maior do osso esfenoide. Na superfície externa da abóboda cranial, temos a sutura metópica, a sutura coronária, a sutura sagital, a sutura lambdoide e a fossa temporal, que é formada pela escama do temporal, pela borda inferior do osso parietal, pela asa maior do osso esfenoide e pela porção lateral do osso frontal. Na superfície interna, temos os sulcos arteriais, da artéria meníngea média e seus ramos e sulcos venosos que podem acolher veias, sulco do seio longitudinal e sulco do seio transverso e as chamadas impressões digitais. Elas são as depressões na superfície interior do crânio correspondentes às circunvoluções cerebrais, e as fossetas granulares, que são depressões nas quais se encontra o córion das meninges.

Base do Crânio

Centro ósseo dos movimentos dos ossos do crânio, ela se encurta nas uniões sincondróticas, que se conservam até os 25 anos de idade (sincondrose esfenobasilar, sutura esfenopetrosa). Reflete-se nas relações de tensão das diferentes estruturas fasciais e viscerais, assim como na função do sistema nervoso e endócrino. Ossifica-se segundo o procedimento de ossificação encondral: primeiro, aparece uma forma prévia cartilaginosa que mais tarde se converte em osso mediante a formação de núcleos ósseos.

A base do crânio tem como elementos: o osso etmoide, a placa orbitária do osso frontal, o osso esfenoide (com exceção da maior parte da asa maior e da apófise pterigoide), a porção petrosa e a porção mastóidea do osso temporal e do osso occipital (à exceção de uma parte da escama occipital situada acima da linha nucal superior e da espinha frontal do osso frontal).

Na superfície externa, na porção anterior, existe a porção orbitonasal do osso frontal, do osso etmoide e dos maxilares superior e inferior que participam na formação do esqueleto fascial. Na porção posterior, é formada pelo corpo do osso occipital, pelo forame occipital e pela crista occipital externa, que se encurtam na linha média; os lados estão situados no triângulo anterolateral e no triângulo posterolateral.

O triângulo anterolateral é formado pela porção petrosa com o forame carotídeo, a apófise mastoide e as fossas jugular e mandibular. Todos eles são parte do osso temporal. O triângulo posterolateral é formado pelo côndilo occipital, a porção lateral do osso occipital, a escama occipital e a linha nucal superior e inferior da região occipital. Na superfície externa, pode dividir-se em fossa cranial anterior, média e posterior.

A fossa cranial anterior é formada pela porção orbital do osso frontal, osso etmoide situado no centro e na asa menor do osso esfenoide.

A borda posterior da asa menor e o dorso da sela turca delimitam a fossa cranial anterior e média. Ela se encurta no rinencéfalo e nos lóbulos frontais do encéfalo. A fossa cranial posterior é formada pelos ossos esfenoides, occipital e temporal, pelo clivo do occipital, pelas pirâmides do osso petroso e pela escama occipital. Na parte superior, é limitada pelas tendas do cerebelo. Elas se encurtam nos lóbulos occipitais e no cerebelo. A ponte de Varolio e o bulbo raquídeo transcorrem em cima do clivo.

Crânio Facial

Contém a maior parte dos órgãos sensitivos, incluindo as estruturas ósseas da órbita ocular, a fossa nasal, a cavidade temporal inferior e a cavidade da mandíbula. No entanto, na formação das estruturas, também faz parte de determinados ossos da abóboda cranial.

Vias de Comunicação

É fundamental que se tenha atenção aos tecidos neurais, pois são estes as vias de comunicação entre os diferentes tecidos que possam estar sendo afetados e também são os nervos que levam às alterações de ordem psíquica, emocional ou biológica de diferentes áreas em que a causa dominante possa estar instalada e a ATM em que o paciente irá sentir as repercussões que muitas vezes estão distantes da causa. E tendo estas vias disfuncionais a autorreparação pode estar prejudicada, uma vez que a normalização da causa não poderá ser comunicada por via neural. Por isso, são fundamentais a identificação e a normalização das funções de todas os nervos cranianos e periféricos que tenham relação anatômica com todo sistema craniano e, principalmente, a ATM.

Biomecânica da Mandíbula durante o Movimento Respiratório Primário

A mandíbula é considerada um osso par e, durante o MRP, realiza movimentos de rotação interna e externa. O movimento de rotação externa associa-se ao ciclo inspiratório do MRP e faz com que ocorra um recuo anteroposterior da parte central mentoniana e um alargamento das porções posteriores, deixando a maxila inferior (mandíbula) com aspecto curto e largo. Na rotação interna, observamos o inverso. Para termos uma relação cêntrica normal, que é a posição de repouso adequada da articulação, ou seja, a posição correta do côndilo na cavidade glenoide e na eminência articular, precisamos considerar dois fatores primordiais:

- Relação craniocervical normal (posição do crânio com relação à coluna cervical).
- Relação craniomandibular (disfunção craniana – oclusão).

Avaliação Craniana Específica

- As disfunções da esfera anterior (esfenoide, frontal, etmoide, palatino e malar) influenciam a posição do maxilar.
- As disfunções da esfera posterior (occipital, parietal e temporal) vão influenciar a mandíbula e, consequentemente, a ATM.
- A relação das disfunções da ATM com as disfunções cranianas está associada a uma disfunção da esfenobasilar.

Noções do Tratamento

Consiste em ajudar as forças de autocura e defesa, mantendo a homeostase própria do corpo, para que ele possa desempenhar suas funções primordiais (Figuras 8.1 a 8.3).

Objetivos do Tratamento

- Normalização da função do sistema nervoso.
- Eliminação das congestões e dos obstáculos para o movimento de diferentes líquidos.
- Normalização da flutuação cerebroespinal.
- Manutenção do equilíbrio fisiológico dinâmico das tensões faciais do corpo, incluindo ligamentos e membranas.
- Melhora da reação dos tecidos do corpo frente aos estímulos de estresse.
- Integração das experiências traumáticas dos tipos psíquico e físico.
- Melhora da estática e da dinâmica do corpo.
- Melhora do nível de energia do paciente.
- Normalização da relação craniomandibular (disfunções cranianas e tratamento oclusal).

Mecânica Craniana *Versus* Alterações da Articulação Temporomandibular

As alterações na ATM também podem ser consequência de alterações na mecânica craniana, sendo por isso necessário que seja realizada, em primeiro lugar, a normalização dessa biomecânica. Deve-se sempre partir da correção da articulação esfenobasilar – osso esfenoide e occipital –, pois esses ossos são considerados "ossos-chave", já que as alterações do esfenoide, por exemplo, vão repercutir indiretamente na posição da maxila superior (oclusão alterada). As alterações do occipital repercutem sobre o osso temporal, o qual, por sua vez, irá repercutir sobre a mandíbula, modificando a função da ATM.

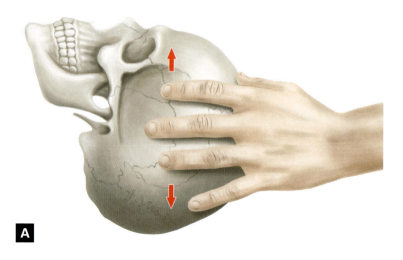

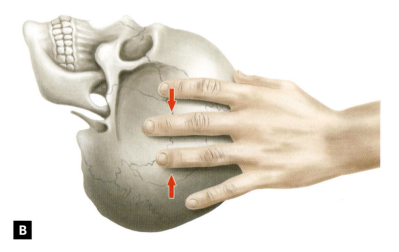

▼ **Figura 8.1** (**A** e **B**) Exemplo de técnica da esfenobasilar. Objetiva normalizar o ritmo craniano na sincondrose esfenobasilar

Terapia Craniana nas Disfunções da Articulação Temporomandibular 127

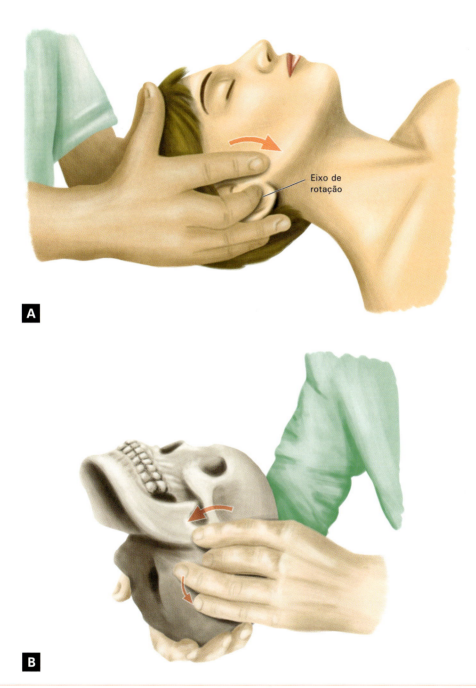

Eixo de rotação

Figura 8.2 (**A** e **B**) Exemplo de técnica do temporal. Objetiva a sincronização dos temporais

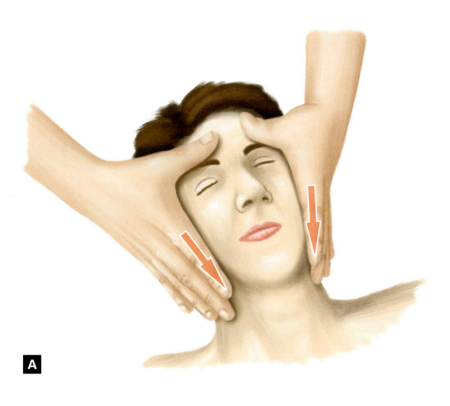

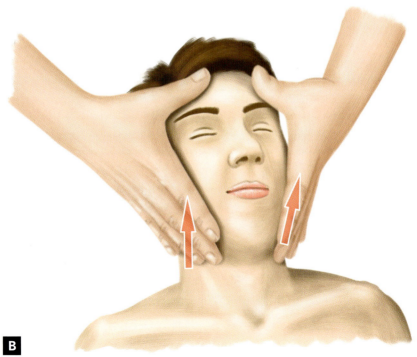

▼ **Figura 8.3** (**A** e **B**) Exemplo de técnica de mandíbula. Objetiva eliminar as restrições cranianas e da ATM

9

Fisioterapia com Ênfase em Terapia Manual nos Pós-operatórios de Cirurgias Ortognáticas

Itana Lisane Spinato

 Tópicos Abordados

✓ Introdução.
✓ Abordagem fisioterapêutica no pré-operatório das cirurgias ortognáticas.
✓ Protocolo de atendimento fisioterapêutico nos pós-operatórios imediatos das cirurgias ortognáticas – fase de bloqueio intermaxilar.
✓ Protocolo de atendimento fisioterapêutico nos pós-operatórios tardios das cirurgias ortognáticas – fase da abertura oral.

 Introdução

A cirurgia ortognática consiste em um procedimento combinado entre a ortodontia e a cirurgia bucomaxilofacial. É composta por técnicas de osteotomias realizadas no sistema mastigatório com a intenção de corrigir as discrepâncias entre os maxilares, de modo a estabelecer o equilíbrio entre a face e o crânio. A relação maxilomandibular corrigida pela cirurgia ortognática tem o objetivo de melhorar a função mastigatória, a fonética, a respiração e a estética facial. Portanto, muitas implicações estão envolvidas neste tratamento cirúrgico, pois as mudanças faciais repercutem na vida pessoal e social do indivíduo.

Os procedimentos realizados na cirurgia ortognática, assim como em quaisquer outros desse porte, desencadeiam reações inflamatórias nos tecidos envolvidos. Se controladas em tempo hábil e da maneira adequada, elas podem acelerar a recuperação dos pacientes e evitar intercorrências decorrentes da imobilização dos tecidos. Os objetivos do tratamento fisioterapêutico são:

- Reduzir o edema.
- Prevenir as lesões nos tecidos moles da face, como aderências e fibroses na cápsula articular da articulação temporomandibular (ATM).
- Mobilizar a cicatriz intraoral.

- Recuperar os movimentos fisiológicos articulares.
- Melhorar e/ou prevenir as alterações musculares.
- Melhorar a sensibilidade facial.
- Reativar a ação dos proprioceptores.
- Reorganizar as linhas paralelas de fibrilas e fibras colágenas.
- Combater a progressão do quadro inflamatório e álgico comum em qualquer pós-cirúrgico.

Neste capítulo, organizaremos de modo simples e em ordem cronológica os procedimentos realizados durante o tratamento fisioterapêutico com ênfase em terapia manual. Além disso, iremos demonstrar as principais técnicas utilizadas na reabilitação destes pós-operatórios. Vale lembrar que tal intervenção deve ser o mais precoce possível, pois as imobilizações prolongadas podem causar inúmeras intercorrências nos tecidos e nas funções articulares, citadas na Figura 9.1.

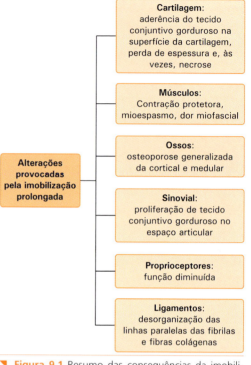

Figura 9.1 Resumo das consequências da imobilidade prolongada

Abordagem Fisioterapêutica no Pré-operatório das Cirurgias Ortognáticas

Com a crescente demanda deste tipo de cirurgia, é necessário esclarecer a importância do fisioterapeuta na equipe multiprofissional, visto que sua atuação previne e trata significativamente os danos teciduais, diminuindo em muito o tempo de recuperação dos pacientes. Por ser eletiva, tal cirurgia possibilita que o paciente faça uma consulta prévia com o fisioterapeuta. Assim, este pode informá-lo sobre a sequência dos acontecimentos e as condições do pós-operatório imediato. Em tal ocasião, convém explicar as etapas do tratamento fisioterapêutico e realizar uma avaliação prévia da ATM e da musculatura da mímica facial e mastigatória, além da medição das amplitudes bucais. É fundamental que o paciente tenha conhecimento sobre:

- A formação do edema.
- O material de aquisição prévia a ser levado ao hospital (bolsa de gel, ataduras para a sustentação da compressa, medicação para o cuidado dos lábios).
- A forma de aplicação da crioterapia ainda no ambiente hospitalar e sua relevância nos primeiros dias.
- Os cuidados na alimentação.
- Como higienizar o nariz, evitando sangramentos indesejados.
- A parestesia.
- O plano de tratamento fisioterapêutico a ser adotado no pós-operatório imediato.

Outro fator importante no pré-operatório é o treinamento prévio dos exercícios de mímica facial e dos movimentos mandibulares, como lateralização e protrusão da mandíbula. Ciente dos movimentos que precisa fazer, o paciente inicia rapidamente e com mais facilidade o treino proprioceptivo.

Protocolo de Atendimento Fisioterapêutico no Pós-operatório das Cirurgias Ortognáticas

Divide-se a atuação da fisioterapia em duas fases distintas:
1. **Pós-operatório imediato de controle inflamatório**: que consiste nas primeiras duas semanas, possivelmente com bloqueio intermaxilar.
2. **Pós-operatório tardio**: com recuperação do movimento mandibular, em que se trabalha a abertura bucal.

O tempo necessário para cada fase dependerá de alguns fatores, como:
- Tipo de cirurgia ortognática.
- Quantidade de intervenções e método de fixação utilizado pelo cirurgião bucomaxilofacial.
- Tempo de recuperação de cada indivíduo (deve-se respeitar o período necessário para a formação do calo ósseo).
- Se houve intercorrências durante ou após a cirurgia, como fraturas, infecções e alergias à medicação.

Pós-operatório Imediato – Fase de Bloqueiointermaxilar

Esta fase acontece, em média, nos primeiros 15 dias. Em tal etapa, a fisioterapia tem como objetivos:
- Controle e reabsorção do edema.
- Relaxamento da musculatura cervical e desbloqueio da musculatura respiratória.
- Liberação das aderências faciais.
- Recuperação da expressão facial.
- Auxílio na regeneração óssea e nervosa por meio de recursos eletrofototerápicos.

Os cuidados iniciam-se com a aplicação da crioterapia após a cirurgia. Se o paciente foi bem orientado no pré-operatório, estará com o material necessário para a compressa e deve iniciá-la assim que chegar ao quarto. O tempo de aplicação depende da substância utilizada para o resfriamento do tecido, variando de 10 a 20min, diversas vezes ao dia. Tal procedimento tem como objetivo conter a expansão do edema, diminuindo a atividade inflamatória e a analgesia local. Nesse período, o fisioterapeuta pode verificar os procedimentos e aplicar bandagens elásticas para estimular o sistema linfático.

No terceiro dia, o paciente estará menos sensível às condições do pós-operatório (PO), respirando com mais facilidade, sem intercorrências como vômito e tampão nasal, e melhor quanto à cicatrização dos lábios e pontos intraorais. Assim, irá se apresentar em condições favoráveis para a avaliação cinético funcional.

Na avaliação, observam-se o aspecto geral do paciente, a extensão do edema, a presença de hematomas, os pontos dolorosos na face, os locais de parestesia e a função da expressão facial. A respiração e a musculatura cervical também devem ser avaliadas. Neste primeiro momento, o paciente encontra-se ainda receoso em movimentar a cabeça. Por vezes, respira com dificuldade e apresenta rigidez na musculatura cervical e torácica. O fisioterapeuta pode iniciar o atendimento desbloqueando a musculatura respiratória, principalmente na região torácica alta, bem como proporcionando a liberação miofascial da região do colo e do complexo escapular. Tais procedimentos visam a facilitar a reabsorção do edema. Para isso, o paciente permanece em decúbito dorsal. O profissional coloca uma das mãos sobre o esterno e a outra na coluna cervical, estabilizando a cabeça, enquanto solicita ao paciente que respire profundamente e solte o ar pela boca procurando descer as costelas. A mão sobre o esterno tem a função de guiar a descida deste em direção caudal, facilitando a mobilidade das primeiras costelas (Figura 9.2). Tal procedimento auxilia no desbloqueio da via linfática que se encontra na região supraclavicular, para absorver melhor o líquido.

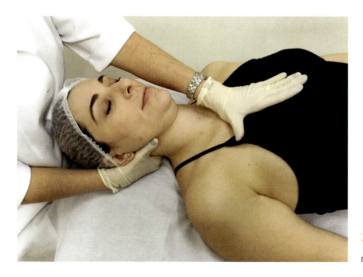

◥ **Figura 9.2** Liberação do bloqueio respiratório

O edema é a resposta do organismo ao processo inflamatório que se instala no momento da cirurgia, tendo seu pico de alastramento em 48h. Por esse motivo, utiliza-se a crioterapia nos primeiros três dias de pós-operatório. No terceiro dia, essa atividade estabiliza-se, sendo o momento adequado para sua reabsorção. A partir do quarto dia de pós-operatório (PO), iniciam-se a aplicação de compressas mornas e a drenagem linfática facial. A compressa morna pode ser feita com bolsas de água ou gel específicos para o aquecimento. Seu tempo de aplicação varia de 10 a 20min, dependendo do material utilizado.

Deve-se solicitar que o paciente verifique a temperatura da compressa morna com a região interna do antebraço, devido à diminuição de sensibilidade na face. Isso evita possíveis queimaduras.

A drenagem linfática tem início com a liberação do ângulo venoso, que fica na coluna cervical, logo à frente e abaixo da cartilagem tireoide, seguindo para a clavícula. Ele compreende três principais grupos ganglionares: cervicais superficiais, cervicais profundos e supraclaviculares. O primeiro movimento realizado é o de espiral, como se comprimíssemos levemente uma mola e soltássemos. Assim, é importante realizar, no mínimo, seis a dez movimentos de liberação na região, de modo lento, contínuo, com pressão suave e superficial. Segue-se, então, para a região supraclavicular, mantendo-se o mesmo movimento. Depois, passamos para os gânglios adjacentes (submentonianos, submandibulares, parotídeos, pré-auriculares, retroauriculares e occipitais), com o objetivo de abrir toda a cadeia linfática facial. Isso facilita o deslocamento do edema conforme a sequência demonstrada nas Figuras 9.3 a 9.7.

Não existe a necessidade de utilizar algum veículo para o deslizamento. Isso porque, para o deslocamento do líquido, é necessário haver mobilidade da pele, a fim de o próprio sistema linfático com esse estímulo realizar seu trabalho adequadamente.

Realiza-se a drenagem com movimentos leves circulares seguidos de deslizamento partindo da região central da face para as laterais. Inicia-se pelo mento, seguindo pelo corpo da mandíbula ao gânglio parotídeo. Depois, as regiões superior e inferior dos lábios, contornando a boca em direção ao gânglio mentoniano, e a região central da face ao gânglio pré-auricular. É importante lembrar que, após alguns movimentos de captação, devemos repetir o desbloqueio em direção aos gânglios centrais. Um movimento específico de drenagem dos lábios nas cirurgias ortognáticas pode ser realizado conforme as Figuras 9.8 e 9.9. O terapeuta,

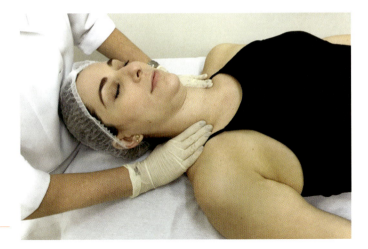
◣ **Figura 9.3** Drenagem fase 1

◣ **Figura 9.4** Drenagem fase 2

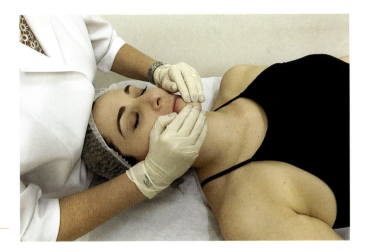
◣ **Figura 9.5** Drenagem fase 3

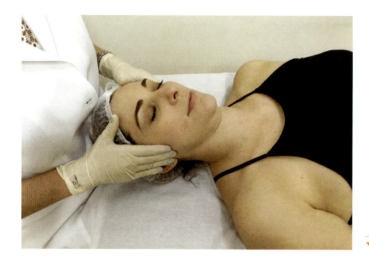

Figura 9.6 Drenagem fase 4

Figura 9.7 Drenagem fase 5

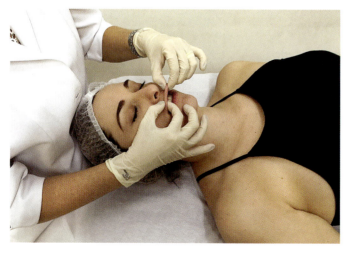

Figura 9.8 Drenagem dos lábios fase 1

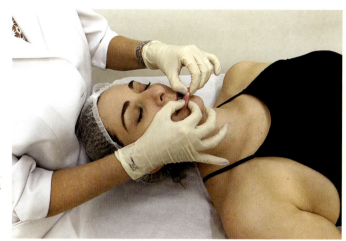

◀ **Figura 9.9** Drenagem dos lábios fase 2

com as mãos enluvadas, segura levemente o lábio superior, ou inferior, levantando-o delicadamente. Com a outra mão em pinça, realiza movimentos de deslizamento partindo do centro para a comissura labial. Isso ajuda a melhorar a função do orbicular e proporciona o vedamento labial. Caso a boca esteja com as laterais doloridas, pode-se utilizar previamente um creme apropriado à região bucal, para o deslizamento e a lubrificação dos lábios.

Indica-se a fototerapia com a aplicação do *laser* terapêutico de baixa intensidade em todas as fases do tratamento, pois auxilia na redução do processo inflamatório, estimula a formação do calo ósseo e acelera a regeneração da condução nervosa (Figuras 9.10 e 9.11).

Os exercícios para expressão facial não ocasionam o movimento mandibular. Isso porque os músculos da mímica facial se inserem na pele e realizam a tração desta para dar forma à expressão facial. O início precoce desses exercícios estimula a remoção do líquido no interstício, auxiliando na reabsorção do edema. Os exercícios contribuem também para o vedamento labial e ajudam na deglutição, evitando a salivação excessiva.

A partir do quarto dia, o paciente inicia a contração dos músculos da mímica facial de modo lento e gradativo com a ajuda do fisioterapeuta. Este irá orientá-lo a continuar em casa após a colocação de compressas, que devem ser trocadas

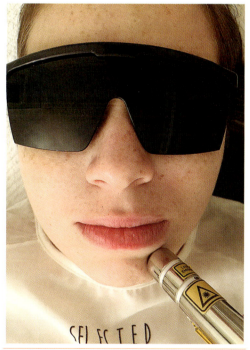

◀ **Figura 9.10** *Laser* no ramo mandibular do nervo trigêmeo

para compressas mornas. O período de alastramento do edema já terá diminuído consideravelmente, e o tratamento segue para a reabsorção do líquido e do hematoma existentes. Tal procedimento poderá ser repetido, no mínimo, quatro vezes por dia (Figuras 9.12 a 9.15).

As aderências miofasciais, ou fibroses, aparecem devido ao processo de cicatrização, principalmente nos locais do hematoma, pelo conteúdo viscoso do sangue – que é reabsorvido em etapas. Tal fato promove o colabamento da fáscia nos tecidos vizinhos, tanto no músculo quanto no osso ou na pele (Figuras 9.16 e 9.17).

A fibrose pode ocasionar limitação física e dolorosa com relação à amplitude dos movimentos. As regiões frequentemente afetadas são o assoalho bucal, nos procedimentos que envolvem a osteotomia da mandíbula; e a base do nariz, nos procedimentos que envolvem a osteotomia da maxila, devido a suturas internas (Figuras 9.18 a 9.20).

As aderências da articulação temporomandibular e dos músculos elevadores serão abordadas neste capítulo mais à frente na fase de abertura bucal. O trabalho nos músculos supra-hióideos são de fundamental importância para a deglutição, a mobilidade do pescoço e a abertura da boca.

Para a liberação do assoalho bucal, o fisioterapeuta deve localizar o osso hioide e suavemente deslocá-lo para o lado oposto ao deslizamento, independentemente do sentido, que pode ser do centro para a direita ou para a esquerda. Assim, o fisioterapeuta posiciona uma das mãos acima da cartilagem tireóidea, apoiando-se na lateral da cartilagem, traciona e medializa suavemente o osso hioide. Com a outra mão, utiliza dois dedos e realiza a liberação partindo do hioide e seguindo para baixo do corpo da mandíbula em direção ao processo mastoide (Figura 9.21). O mesmo procedimento deve ser feito no lado oposto.

◤ **Figura 9.11** *Laser* no ramo maxilar do nervo trigêmeo

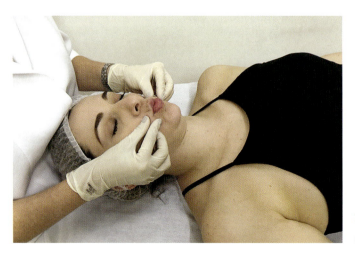

◤ **Figura 9.12** Mímica facial – músculo orbicular da boca

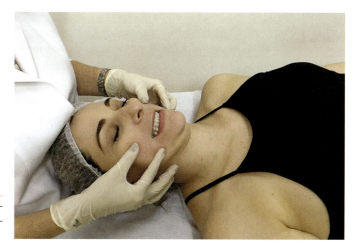

◤ **Figura 9.13** Mímica facial – músculos zigomáticos maior, menor e risório

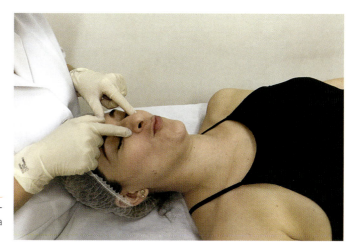

◤ **Figura 9.14** Mímica facial – músculo levantador do lábio superior e da asa do nariz

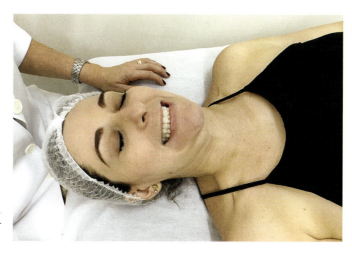

◤ **Figura 9.15** Mímica facial – músculo platisma

Figura 9.16 Hematoma facial pós-cirurgia ortognática no mento

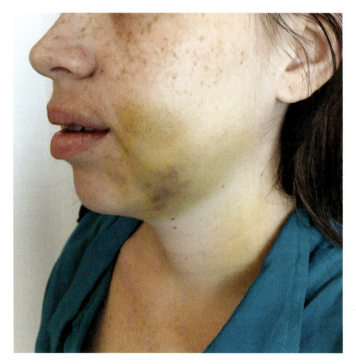

Figura 9.17 Hematoma facial pós-cirurgia ortognática no corpo da mandíbula

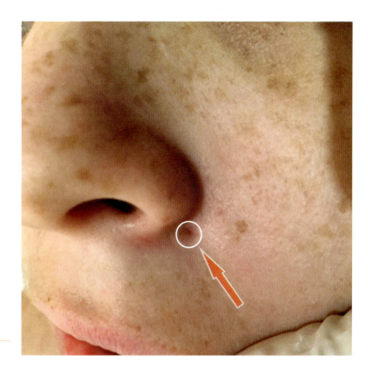

◤ **Figura 9.18** Aderência nasal

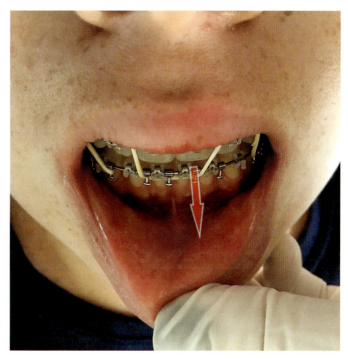

◤ **Figura 9.19** Aderência no orbicular

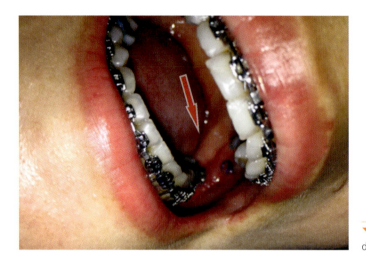

◥ **Figura 9.20** Aderência na altura do ramo da mandíbula

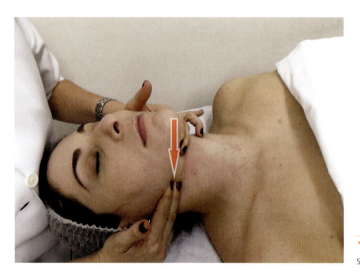

◥ **Figura 9.21** Liberação do hioide – sentido posterior

Para a liberação dos músculos infra-hióideos, o processo é parecido, porém o sentido da tração do osso hioide deve ser cefálico; e dos dedos da outra mão, caudal – como na Figura 9.22. O número de repetições e a intensidade da liberação dependem da tolerância de cada paciente e da intensidade do edema.

A partir do sétimo dia, havendo um bom processo de cicatrização, o fisioterapeuta pode trabalhar a área intraoral, liberando suavemente e sem atrito a região do vestíbulo, parte do masseter e a cicatriz interna, em toda a extensão dos pontos e ao redor do nariz. A delicadeza do movimento garante um procedimento bem-sucedido. Inicia-se com a introdução do polegar no vestíbulo do lado contralateral à mão utilizada. Com o apoio dos outros dedos na região externa, realiza-se o deslizamento do sentido posterior para o anterior (do ângulo da mandíbula para o nariz) e em direção cefalocaudal. Todos os procedimentos relatados nesta etapa devem ser executados de maneira suave, respeitando a cicatrização dos tecidos e o limiar doloroso do paciente. Não existe um número fixo de repetições, pois isso depende da con-

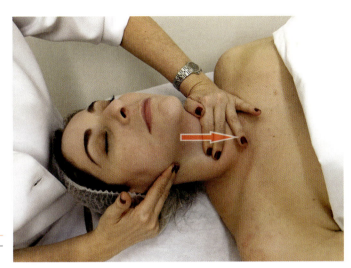

◤ **Figura 9.22** Liberação do hioide – sentido caudal

dição clínica no momento. Caso o paciente esteja com algum ponto inflamado ou aberto, tal procedimento não deve ser realizado até a melhora do quadro (Figura 9.23). O importante ao final da primeira etapa é que o fisioterapeuta possibilite ao paciente uma mímica facial sem fadiga, tecidos faciais livres e sem aderência (Figuras 9.24 e 9.25).

Por precaução, não deve ser utilizado ultrassom terapêutico, pois a intensidade da vibração imposta pelo aparelho pode repercutir negativamente sobre os parafusos. Desse modo, pode afrouxá-los soltando a placa de fixação, independentemente da intensidade do aparelho ou de sua profundidade.

◤ **Figura 9.23** Ponto de sutura intraoral

142 Terapia Manual nas Disfunções da ATM

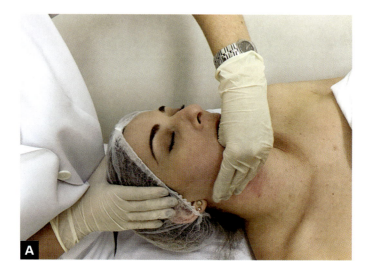

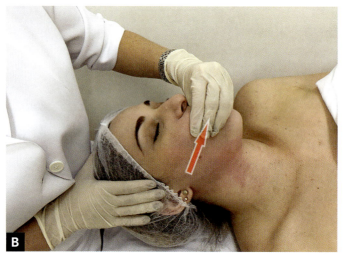

◢ **Figura 9.24** (**A** a **D**) Sequência de liberação miofascial intraoral (*continua*)

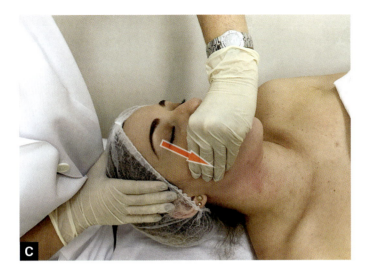
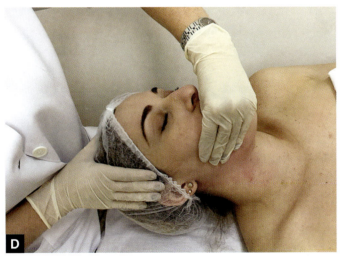

▼ **Figura 9.24** (**A** a **D**) (*continuação*) Sequência de liberação miofascial intraoral

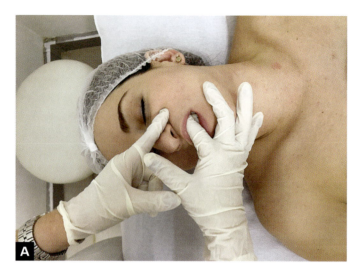

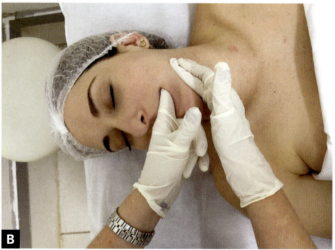

Figura 9.25 (A e B) Continuação da sequência de liberação miofascial intraoral com mobilidade cicatricial

Pós-operatório Tardio – Fase de Abertura Oral

O momento da retirada do bloqueio para a execução dos exercícios mandibulares, como abertura, lateralização e protrusão, é fundamental para a recuperação da função mastigatória, mas depende do consentimento do cirurgião bucomaxilofacial. A abertura precoce ajuda a minimizar as aderências articulares, promove a renovação do líquido sinovial, evita a rigidez muscular e a retração da fáscia, facilita a adaptação proprioceptiva da nova estrutura bucal e acelera o processo de fala, mastigação e deglutição.

Alguns cirurgiões permitem que o paciente fique alguns dias após a cirurgia sem bloqueio. Assim, as ligas são colocadas depois desse período para a adaptação da musculatura e o ajuste da oclusão, o que facilita a recuperação do paciente nos primeiros dias.

De modo geral, a liberação para o movimento mandibular acontece a partir do 15º dia de pós-operatório. No entanto, equipes mais conservadoras podem manter a boca do paciente completamente fechada por mais de 30 dias. Esta conduta dificulta o trabalho da fisioterapia, pois aumenta demasiadamente a rigidez muscular, a fibrose dos tecidos e o bloqueio articular, agravando o quadro doloroso. Ou seja, quanto mais tempo de bloqueio, maior a dificuldade de o paciente abrir a boca.

Estando liberado para o movimento bucal durante a fisioterapia, o paciente inicia a abertura bucal. Ao final do atendimento, recoloca as ligas pelo tempo estipulado pelo cirurgião. A abertura, mesmo que por pouco tempo, é suficiente para evitar a aderência capsular e estimular a renovação do líquido sinovial, bem como promover informação proprioceptiva aos músculos, mantendo a memória da função mastigatória.

O processo de abertura bucal deve ser feito com movimentos leves, ativos livres ou assistidos, sem trações na mandíbula, ou qualquer tipo de força e resistência imposta para a abertura. Isso porque não existe ainda a consolidação completa dos ossos, e o movimento deve ser realizado dentro da margem de segurança oferecida pela fixação dos segmentos. Inicia-se com exercícios no plano transverso (lateralizações), para trabalhar com a translação individualizada de cada ATM, alongando uma quantidade menor de músculos simultaneamente (Figuras 9.26 e 9.27).

Em seguida, há ganho de amplitude no plano sagital de maneira espontânea, sem esforço. Para o alongamento nesse plano, convém utilizar baixa intensidade e aumentar o tempo. Deve-se oferecer ao músculo a possibilidade de desativação dos agentes receptores responsáveis pela proteção encontrados nas fibras e junções tendíneas, como os fusos musculares sensíveis a alterações no comprimento da fibra e os órgãos tendinosos de Golgi que detectam a tensão muscular. Assim, os tratamentos com movimentos bruscos são contraindicados, pois se trabalha com um sistema em recuperação e extremamente doloroso. Nesse caso, o diferencial será o aumento do tempo sobre uma tensão mínima.

Para a manutenção da abertura bucal, podem-se utilizar abaixadores de língua de madeira, que devem ser introduzidos na região dos dentes molares. Segundo estudos, a força aplicada nos mo-

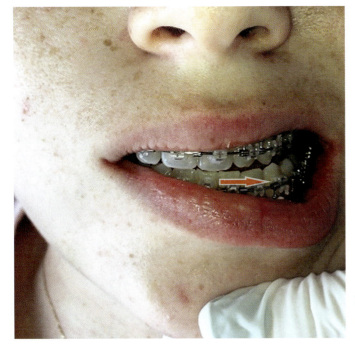

◤ **Figura 9.26** Exercício de lateralização da mandíbula (plano transverso).

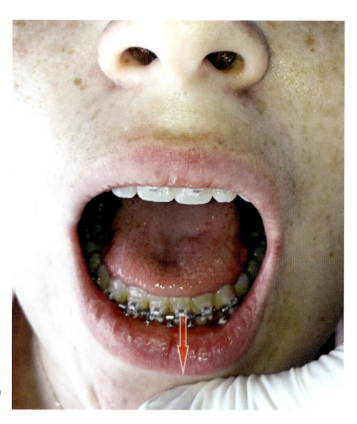

▼ **Figura 9.27** Exercício de abertura (plano sagital)

lares diminui o braço de alavanca, minimizando qualquer esforço sobre o sistema de fixação da osteotomia (Figuras 9.28 e 9.29).

A colocação dos palitos nos dentes incisivos representa uma fragilidade maior para o sistema. Desse modo, deve ser evitado, pois biomecanicamente tais dentes têm a função de cavar o alimento e apresentam área de coroa e raízes menores que os molares. Devido ao processo cirúrgico e à colocação das ligas de contenção, os dentes incisivos podem ficar instáveis e doloridos por um certo período no pós-operatório.

Com o foco no alongamento mantido, deve-se medir a abertura espontânea da boca com o paquímetro e introduzir palitos na região dos molares. Realiza-se 50% a 70% da abertura máxima, por um tempo inicial de 5 a 7min, que pode chegar a 10min (Figura 9.30).

Realizando-se o procedimento desse modo, há apenas dor mínima ou pequeno desconforto no local da ATM e nos músculos masseteres que estão sendo alongados. Assim, torna-se menos traumático e mais eficiente, pois acontece de maneira segura, sem impor carga significativa ao sistema. O paciente não deve relatar dor no local das placas, porém, caso isso aconteça, convém interromper imediatamente o procedimento e reavaliar a conduta ou a condição clínica do indivíduo. Com o aumento do tempo de alongamento, a musculatura responde positivamente. Por sua vez, o movimento final torna-se livre, facilitado, sem dor. Com a musculatura relaxada, a boca ganha abertura. Tal procedimento deve ser repetido várias vezes durante os atendimentos e em casa pelo paciente antes das refeições. A reavaliação da abertura bucal deve acontecer a cada atendi-

▼ **Figura 9.28** Aplicação de abaixadores unilateralmente

mento, e o fisioterapeuta pode aumentar a quantidade de palitos de acordo com a amplitude espontânea, promovendo uma abertura de 40mm entre 30 a 40 dias de PO.

Entre as pausas com os palitos, podem-se repetir os exercícios livres nos planos transverso, frontal e sagital, para recuperar os movimentos bordejantes, o que facilita a mastigação. Os exercícios em domicílio de mímica facial devem continuar com a inclusão dos exercícios mandibulares realizados no momento em que o paciente retira o bloqueio para alimentar-se e fazer a higiene bucal. Com isso, o paciente mantém o ganho obtido durante os atendimentos de fisioterapia, facilitando a retomada da amplitude na próxima sessão. É comum o indivíduo perder alguma amplitude entre os atendimentos. Por isso, deve-se realizar a medição da amplitude no início e no fim da sessão para um controle efetivo (Figura 9.31).

Se esses procedimentos forem iniciados no momento certo, podem evitar considerável sofrimento, pois o quadro doloroso acentuado e o

▼ **Figura 9.29** Aplicação de abaixadores bilateralmente

desconforto extremo ocorrem quando o encaminhamento para a fisioterapia acontece após mais de 30 dias de PO. O paciente ainda está com bloqueio e importantes fibroses internas que limitam de maneira mecânica e dolorosa os movimentos mandibulares. Nesses casos, o trabalho irá consistir em alongar as fibroses instaladas, e não apenas os músculos.

Recursos como o Fes (eletroestimulação funcional) podem ser utilizados, além do *laser*, caso a paralisia de algum músculo ainda persista ao final de 30 dias.

◤ **Figura 9.30** Mensuração com paquímetro

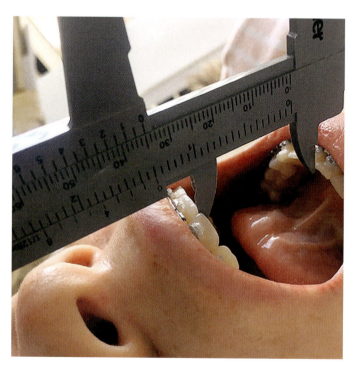

◤ **Figura 9.31** Mensuração no começo e no fim de cada sessão

Referências

Adams T, Heisey RS, Smith MC, Briner BJ. Parietal bone mobility in the anaesthetized cat. J Am Osteopath Assoc. 1992; 92(5):599-600.

Adler SS, Becker D, Buck M. PNF: facilitação neuromuscular proprioceptiva – um guia ilustrado. 2.ed. São Paulo: Manole; 2007.

Azevedo MS, Machado AW, Barbosa IS et al. Evaluation of upper airways after bimaxillary orthognathic surgery in patients with skeletal Class III pattern using cone-beam computed tomography. Dental Press J Orthod. 2016; 21(1):34-41. Disponível em: http://www.scielo.br/scielo.php?script=sci_arttext&pid=S2176-94512016000100034&lng=en&nrm=iso. Acesso em: 23 de janeiro de 2018.

Baker EG. Alteration in width of maxillary arch and its relation to sutural movement of cranial bones. J Am Osteopath Assoc. 1971; 70(6):559-64.

Barbosa VCS, Barbosa FS. Fisioterapia nas disfunções temporomandibulares. São Paulo: Phorte; 2009.

Basso D, Correa E, Silva AM. Efeito da reeducação postural global no alinhamento corporal e nas condições clínicas de indivíduos com disfunção temporomandibular associada a desvios posturais. Fisioter Pesq. 2010; 17(1):63-8. Disponível em: http://www.scielo.br/scielo.php?script=sci_arttext&pid=S1809-29502010000100012&lng=en&nrm=iso. Acesso em: 23 de janeiro de 2018.

Becker R. Cranial therapy revisited. Osteopathic Annals. 1977; 5:316-34.

Bevilaqua-Grosso D, Monteiro-Pedro V, Jesus Guirro RR, Bérzin F. A physiotherapeutic approach to craniomandibular disorders: a case report. J Oral Rehabil. 2002; 29(3):268-73.

Biasotto-Gonzalez DA. Abordagem interdisciplinar das disfunções temporomandibulares. São Paulo: Manole; 2005.

Bienfait M. As bases da fisiologia da terapia manual. São Paulo: Summus; 2000.

Bienfait M. Estudo e tratamento do esqueleto fibroso: fáscias e pompages. São Paulo: Summus Editorial; 1995.

Bland JH. Disorders of cervical spine. Philadelphia: Saunders; 1987. p. 5, 41, 211-5.

Bracco P, Deregibus A, Piscetta R, Ferrario G. Observations on the correlation between posture and jaw position: a pilot study. Cranio. 1998; 16(4):252-8.

Bricot B. Posturologia. São Paulo: Ícone Editora; 1999.

Brookes D. Lectures on cranial osteopathy: a manual for practitioners and students. Wellingborough: Thorsons; 1984.

Brookes D. Osteopatia craneal. 2. ed. Barcelona: Ediciones Bellaterra, 1982.

Buchbinder D, Currivan RB, Kaplan AJ, Urken ML. Mobilization regimens for the prevention of jaw hypomobility in the radiated patient. J Oral Maxillofac Surg. 1993; 51(8):863-7.

Bumann A, Lotzmann U. Disfunção temporomandibular – diagnóstico funcional e princípios terapêuticos. Porto Alegre: Artmed; 2000.

Burr HS. The fields of life. Nova York: Ballantine Books, 1972.

Catach C, Hajjar D. Má oclusão e postura. In: Nova visão em ortodontia-Ortopedia facial. São Paulo: Santos, 2001. p. 774.

Chaitow L. Cranial manipulation: theory and practice. 2. ed. Amsterdã: Elsevier, 2005.

Caradonna D, Alves FA. Posturologia: ATM – oclusão e postura. J Bras Ortod e Ortop Max. 1997; 2(12):8-13.

Chaitow L. Cranial manipulation: theory and practice. 2.ed. New York: Churchill Livingstone; 2005.

Chaitow L. Técnicas neuromusculares posicionais de alívio da dor. São Paulo: Manole; 2004.

Cheida AP. Hiperboloide: instrumento de mastigação. São Paulo: Ícone Editora; 2006.

Cleland J, Palmer J. Effectiveness of manual physical therapy, therapeutic exercise, and patient education on bilateral disc displacement without reduction of the temporomandibular joint: a single-case design. J Orthop Sports Phys. 2004; 34(9)535-48.

Corrigan B, Maitland GD. Ortopedia e reumatologia: diagnóstico e tratamento. São Paulo: Premier; 2000.

Darwin C. The expression of the emotions in man and animals. Chicago: University of Chicago Press, 1965.

De Laat A, Meuleman H, Stevens A. Relation between functional limitations of the cervical spine and temporomandibular disorders (abstract). J Orofac Pain. 1996; 23:733-41.

De Waal F. Eu, primata. Porque somos como somos. 2. ed. São Paulo: Companhia das Letras, 2007.

Dooley K. Anatomy Angel: why you use jaw for motor control. Disponível em: <http://www.drdooleynoted.com/anatomy-angel-why-you-use-jaw-for-motor-control/>. Acesso em: 25 de agosto de 2015.

Dufour M. Anatomia do aparelho locomotor – cabeça e tronco. Volume 3. Rio de Janeiro: Guanabara Koogan; 2004.

Edmond SL. Manipulação e mobilização: técnicas para membros e coluna. São Paulo: Manole; 2000.

Ekman P. Facial expression and emotion. American Psycologist. 1993; 48(4):384-92.

Farah EA, Tanaka C. Postura e mobilidade da coluna cervical em portadores de alterações miofuncionais. Rev APDC. 1997; 51(2):171-5.

Faverani LP, Ramalho-Ferreira G, dos Santos PH, Rocha EP, Garcia Júnior IR, Pastori CM, Assunção WG. Surgical techniques for maxillary bone grafting – literature review. Rev Col Bras Cir. 2014;41(1):61-7. Disponível em: http://www.scielo.br/scielo.php?script=sci_arttext&pid=S0100-69912014000100061&lng=en&nrm=iso. Acesso em: 23 de janeiro de 2018.

Foster ME, Gray RJ, Davies SJ, Macfarlane TV. Therapeutic manipulation of the temporomandibular joint. Br J Oral Maxillofac Surg. 2000; 38(6):641-44.

Freitas GC, Przysiezny WL. Fisioterapia postural. Rio de Janeiro: Editora HP; 2008.

Fricton JR, Dubner R. Dor orofacial e desordens temporomandibulares. São Paulo: Santos; 2003.

Fricton JR, Kroening R, Haley D. Myofascial pain syndrome: a review of 164 cases. Oral Surg. 1982; 60(6):615-23.

Frymann VM. A study of rhythmic motions of the living cranium. J Am Osteopath Assoc. 1971; 70(9):928-45.

Fuentes R, Freesmeyer W, Henriquéz J. Influencia de la postura corporal em la prevalencia de las disfunciones craneomandibulares. Rev Med Chile. 1999; 127(9):1079-85.

Gage JP, Shaw RM, Moloney FB. Collage type in dysfuncional temporomandibular joint disks. In: Marques AP (ed.). Cadeias musculares para ensinar avaliação fisioterapêutica global. São Paulo: Manole; 2000. p. 115.

Gagey PM, Weber B. Posturologia. Regulação e distribuição da posição ortostática. 2. ed. São Paulo: Manole, 2000.

Gillespie BR, Barnes JF. Diagnosis, treatment of TMJ: head, neck and asthmatic symptoms in children. Cranio. 1990; 8(4):342-9.

Gomes PA. Alterações posturais e desordens temporomandibulares. Artigo de Revisão, 2005.

Goodman J. Gynécologie et ostéopathie. Cours de la Cranial Osteopathic Association; 1985.

Gould JA, Fisioterapia na ortopedia e na medicina do esporte. São Paulo: Editora Manole; 1993.

Greenman PE, McPartland JM. Cranial findings and iatrogenesis from craniosacral manipulation in patients with traumatic brain syndrome. J Am Osteopath Assoc. 1995; 95(3):182-8; 191-2.

Greenman PE. Princípios da medicina manual. 2. ed. São Paulo: Manole; 2001.

Greenman PE. Roentgen findings in the craniosacral mechanism. J Am Osteopath Assoc. 1970; 70(1):60-71.

Grossi DB, Carvalho GF, Florencio LL. Articulação temporomandibular. In: Sociedade Nacional de Fisioterapia Esportiva; Mendonça LM, Oliveira RR (orgs.). Programa de atualização em Fisioterapia Esportiva e Traumato-ortopédica (Profisio); Ciclo 4. Porto Alegre: Artmed, 2015. p. 45-105 (Sistema de educação continuada a distância, v. 2).

Guimarães Filho R, Oliveira Junior EC, Gomes TRM, Souza TDA. Qualidade de vida em pacientes submetidos à cirurgia ortognática: saúde bucal e autoestima. Psicol Cienc Prof. 2014; 34(1): 242-251. Disponível em: http://www.scielo.br/scielo.php?script=sci_arttext&pid=S14-14-98932014000100017&lng=pt&nrm=iso. Acesso em: 23 de janeiro de 2018.

Hargreaves AS, Jennifer J, Wardle M. The use of physiotherapy in the treatment of temporomandibular disorders. Br Dent J. 1983; 155:121-4.

Heisey SR, Adams T. Role of cranial bone mobility in cranial compliance. Neurosurgery. 1993; 33(5):869-76.

Instituto Docusse de Osteopatia e Terapia Manual. Apostila do curso de Osteopatia, 2006.

James W. The principles of psychology. New York: Holt, 1980.

Kapandji IA. Fisiologia articular. 6. ed. Rio de Janeiro: Guanabara Koogan; 2007.

Kisner C, Colby LA. Exercícios terapêuticos – fundamentos e técnicas. 5. ed. São Paulo: Manole; 2009.

Korr I. Bases fisiológicas de la osteopatía. Espanha: Mandala Ediciones, 2009.

Korr IM. Osteopathy and medical evolution. J Am Osteopath Assoc. 1962; 61:515-26.

Kostopoulos D, Keramidas G. Changes in magnitude of relative elongation of the falx cerebri during the application of external forces on the frontal bone of an embalmed cadaver. J Cranioman Pract; 1992; 10:9-12.

Kostopoulos D, Rizopoulos, K. Pontos-gatilho miofasciais: teoria, diagnóstico e tratamento. Rio de Janeiro: LAB; 2007.

Kraus SL. Cervical spine influences on the craniomandibular region. In: Kraus SL (ed.). The TMJ disorders management of the craniomandibular complex. New York: Churchill Livingstone; 1989.

Kumar R, Sidhu SS, Kharbanda P, Tandon D. Hyoid bone and atlas vertebra in established mouth breathers. In: Angle EH (ed.). Treatment of malocclusion of the teeth. 7. ed. Philadelphia: SS White dental MFG CO; 1995.

Ledermann E. Fundamentos da terapia manual. São Paulo: Manole; 2001.

Lemke RR, van Sickels J. Electromyographic evaluation of continuous passive motion versus manual rehabilitation of the temporomandibular joint. J Oral Maxillofac Surg. 1993; 51(12):1311-214.

Libin B. Oclusal changes related to cranial bone mobility. Inter J Orthod. 1982; 20(1):13-19.

Liem T. An osteopathic approach to the treatment of trauma and emotional integration, 2016.

Machado MR, Lima RHM. Abordagem fisioterápica no tratamento de desordem temporomandibular associada à protrusão da cabeça: relato de um caso clínico. Rev Serv ATM. 2004; 4(2):40-4. Serviço ATM, 2004.

Maciel RN. Oclusão e ATM: procedimentos clínicos. São Paulo: Santos; 1998.

Madeira MC. Anatomia da face. 7. ed. São Paulo: Savier; 2010.

Magoun HI. Osteopathy in the cranial field. 3. ed. Kirksville: The Cranial Academy; 1976.

Maigne R. Manipulação vertebral e medicina ortopédica. São Paulo: Revinter; 1996.

Maitland GD. Manipulação vertebral. 7. ed. Rio de Janeiro: Elsevier; 2007.

Makofsky HW. Coluna vertebal: terapia manual. Rio de Janeiro: LAB; 2006.

McNeill C. Temporomandibular disorders; guidelines for classification, assessment and management. The Americam Academy of Orofacial Paint. 2. ed. Chicago: Quintessense; 1993.

Minakuchi H, Kuboki T, Matsuka Y, Maekawa K, Yatani H, Yamashita A. Randomized controlled evaluation of non-surgical treatments for temporomandibular joint anterior disk displacement without reduction. J Dent Res. 2001; 80(3):924-8.

Ministério da Saúde. Projeto SB Brasil 2003: condições de saúde bucal da população brasileira 2002-2003. Brasília: Coordenação Nacional de Saúde Bucal; 2004.

Mohl ND, Zarb GA, Carlsson GE, Rugh JD. Fundamentos de oclusão. 2. ed. São Paulo: Quintessence; 1991.

Molina F. Fisiopatologia craniomandibular. 2. ed. São Paulo: Pancast, 1995.

Mongini OF. Fisiopatologia craniomandibular. 2. ed. São Paulo: Pancast; 1995.

Munhoz WC. Avaliação global da postura ortostática de indivíduos portadores de distúrbios internos da articulação temporomandibular: aplicabilidade de métodos clínicos, fotográficos e radiográficos [dissertação]. São Paulo: Faculdade de Medicina da Universidade de São Paulo; 2001.

Myers TW. Trilhos anatômicos miofasciais: meridianos miofasciais para terapeutas manuais e do movimento. 2. ed. Rio de Janeiro: Elsevier; 2010.

Nicolakis P, Erdogmus B, Kopf A, Ebenbichler G, Kollmitzer I, Piehslinger E, Fialka-Moser V. Effectiveness of exercise therapy in patients with internal derangement of the temporomandibular joint. J Oral Rehabil. 2001; 28(12):1158-64.

Nicolakis P, Nicolakis M, Piehslinger E et al. Relationship between craniomandibular disorders and poor posture. J Craniomandib Pract. 2000; 18(2):106-12.

Nigg BM, Herzog W (eds.). Biomechanics of the muscle-skeletal system. 3. ed. Nova York: John Wiley e Sons; 2007.

Oh DW, Kim KS, Lee GW. The effect of physiotherapy on post-temporomandibular joint surgery patients. J Oral Rehabil. 2002; 29(5):441-6.

Okeson JP. Fundamentos de oclusão e desordens temporomandibulares. 2. ed. São Paulo: Artes Médicas, 1992.

Okeson JP. Fundamentos da oclusão e desordens têmporo-mandibulares. São Paulo: Artes Médicas; 2002.

Okeson JP. Dores orofaciais de Bell. 5. ed. São Paulo: Quintessence; 1998.

Okeson JP. Tratamento das desordens temporomandibulares e oclusão. 6. ed. Rio de Janeiro: Elsevier; 2006.

Oliveira VMA, Batista LSP, Pitangui ACR, Araújo RC. Efeito do kinesio taping na dor e discinesia escapular em atletas com síndrome do impacto do ombro. Rev Dor. 2013; 14 (1):27-30. Disponível em: http://www.scielo.br/scielo.php?script=sci_arttext&pid=S1806--00132013000100007&lng=en&nrm=iso. Acesso em: 23 de janeiro de 2018.

Paiva HJ. Disfunção temporomandibular. São Paulo: Santos; 1997.

Palomeque F. Terapia osteopática guia para la formación. Nizan Ed., 2013.

Peres OD. A manifestação da emoção na fala: estudo perceptual com falantes nativos e não nativos. São Paulo: Universidade de São Paulo, 2014.

Pertes R, Gross SG. Tratamento clínico das disfunções temporomandibulares e da dor orofacial. São Paulo: Quintessence,; 2005.

Planas P. Reabilitação neuro-oclusal. 2. ed. Rio de Janeiro: Medsi; 1997.

Prado MTA, Aoyagui TAC, Scarcelli ALM, Fernani DCGL, Massetti T, Silva TD et al. Anthropometric profile, eating habits and physical activity levels of students in a city in the state of São Paulo. Medical Express. 2016; 3(6): M160604. Disponível em: http://www.scielo.br/scielo.php?script=sci_arttext&pid=S2358-04292016000600004&lng=en&nrm=iso. Acesso em: 23 de janeiro de 2018.

Pryszo JM. Tratamento das cervicalgias. São Paulo: Manole; 2000.

Quinn JH, Stover JD. Arthroscopic management of temporomandibular joint disc perforations and associated advanced chondromalacia by discoplasty and abrasion arthroplasty: a supplemental report. J Oral Maxillofac Surg. 1998; 56(11):1237-9.

Raphael KG, Klausner JJ, Nayak S, Marbach JJ. Complementary and alternative therapy use by patients with myofascial temporomandibular disorders. J Orofac Pain. 2003; 17(1):36-41.

Rezende LF, Pedras FV, Ramos CD, Gurgel MSC. Avaliação das compensações linfáticas no pós-operatório de câncer de mama com dissecção axilar através da linfocintilografia. J Vasc Bras. 2008; 7(4):370-5. Disponível em: http://www.scielo.br/scielo.php?script=sci_arttext&pid=S1677-54492008000400012&lng=en&nrm=iso. Acesso em: 23 de janeiro de 2018.

Rocabado M, Johnston BE, Blakney, MG. Physical therapy and dentristy: an overview. J Craniomandib Pract. 1983; 1(1):46-9.

Rocabado M, Tapia V. Radiographic study of the craniocervical relation in patients under orthopedic treatment and the incidence of related symptom. J Craniomandib Pract. 1987; 5:13-7.

Rocabado M. Antoniotti T. Exercícios para tratamento das desordens craniomandibulares e vertebrais. São Paulo: Clássica; 1995.

Rocabado M. Arthrokinematics of the temporomandibular joint. In: Gelb H (ed) Clinical management of head, neck and TMJ pain and dysfunction. Philadelphia: W.B. Saunders; 1985.

Rocabado M. Cabeza y cuello – tratamento articular. Buenos Aires: Intermédica; 1979.

Rocabado M. Physical therapy for the postsurgical TMJ patient. J Craniomand Disord. 1989; 3(2):75-82.

Rocabado M. The importance of soft tissue mechanics in stability and instability of the cervical spine; a funcional diagnosis for treatment planning. Cranio. 1987; 5(2):130-8.

Rosenbauer KA, Engelhardt JP, Kach H, Stuttgen. O sistema estomatognático como unidade functional. In: Rosenbauer KA, Engelhardt JP, Kach H, Stuttgen. Anatomia clínica da cabeça e do pescoço aplicada à odontologia. Porto Alegre: Artmed; 2001. p. 228-48.

Ross JB. The intracapsular therapeutic modalities in conjunction with arthrography: case reports. J Craniomandib Disord. 1989; 3(1):35-43.

Rugh JD, Ohrbach, R. Parafunção oclusal. In: Mohl ND, Zarb GA, Carlsson GE, Rugh JD (eds.). Fundamentos da oclusão. Rio de Janeiro: Quintessence; 1989.

Santiago TM, Moura LB, Gabrielli MAC et al. Volumetric and cephalometric evaluation of the upper airway of class III patients submitted to maxillary advancement. Rev Odontol Unesp. 2016; 45 (6): 356-61. Disponível em: http://www.scielo.br/scielo.php?script=sci_arttext&pid=S1807-25772016000600356&lng=pt&nrm=iso. Acesso em: 23 de janeiro de 2018.

Santiesteban AJ. Isometric exercises and a simple appliance for temporomandibular joint dysfunction: a case report. Phys Ther. 1989; 69(6):463-6.

Santos JTT. Dor orofacial/ATM – bases para diagnóstico clínico. 2. ed. Curitiba: Maio, 2001.

Sebastiani AM, Rebelatto NLB, Klüppel LE, Costa DJ, Antonini F, Moraes QF. Le Fort III osteotomy for severe dentofacial deformity correction associated with hypoplasia of the midface. Rev Gaúch Odontol. 2016; 64(4):453-9. Disponível em: http://www.scielo.br/scielo.php?script=sci_arttext&pid=S1981-86372016000400453&lng=pt&nrm=iso. Acesso em: 23 de janeiro de 2018.

Simões WA. Octógono da prioridade funcional e a teoria das rédeas musculares. Rev Fac Odontologia. 1996; 37(1):45-1.

Skaggs C. Temporomandibular dysfunction: chiropractic rehabilitation. J Bodywork Movement Therapies. 1997; 1(4):208-13.

Soares JC, Weber P, Trevisan ME et al. Correlação entre postura da cabeça, intensidade da dor e índice de incapacidade cervical em mulheres com queixa de dor cervical. Fisioter Pesq. 2012; 19(1):68-72. Disponível em: http://www.scielo.br/scielo.php?script=sci_arttext&pid=S1809-29502012000100013&lng=en&nrm=iso. Acesso em: 23 de janeiro de 2018.

Sobotta J. Atlas de anatomia humana. 2. ed. Rio de Janeiro: Guanabara Koogan; 2006.

Solberg WK. Disfunções e desordens temporomandibulares. 2. ed. São Paulo: Santos; 1999.

Souchard PE. Reeducação postural global. São Paulo: Ícone, 1986. p. 30-75.

Souchard PE. Reeducação postural global. 5. ed. São Paulo: Ícone; 2001.

Souki MQ. Severe Angle Class III skeletal malocclusion associated to mandibular prognathism: orthodontic-surgical treatment. Dental Press J Orthod. 2016; 21 (6):103-14. Disponível em: http://www.scielo.br/scielo.php?script=sci_arttext&pid=S2176-94512016000600103&lng=pt&nrm=iso. Acesso em: 23 de janeiro de 2018.

Souza FW, Brun MV, Feranti JPS. Linfadenectomia inguinoilíaca laparoscópica, após impregnação linfática com diferentes marcadores em cadelas hígidas. Cienc Rural. 2016; 46(9):1629-34. Disponível em: http://www.scielo.br/scielo.php?script=sci_arttext&pid=S0103-84782016000901629&lng=en&nrm=iso. Acesso em: 23 de janeiro de 2018.

Souza MM. Manual de quiropraxia – quiroprática quiropatia. 2. ed. São Paulo: Ibraqui; 2005.

Standring S. Gray's anatomy: the anatomical basis of clinical practice. 40. ed. Edinburgh: Churchill Livingstone; 1995.

Steenks MH, Wijer A. Disfunções da articulação temporomandibular do ponto de vista da fisioterapia e da odontologia. São Paulo: Santos; 1996.

Sutherland, WG. The cranial bowl. Mankato: Free Press Co., 1939.

Su-Gwan K. Treatment of temporomandibular joint ankylosis with temporalis muscle and fascia flap. J Oral Maxillofac Surg. 2001; 30(3):189-93.

Sutherland WG. The cranial bowl. Mankato: Free Press Co; 1939.

Talley RL, Murphy GJ, Smith SD, Baylin MA, Haden JL. Standards for the history, examination, diagnosis, and treatment of temporomandibular disorders (TMD): a position paper. American Academy of Head, Neck and Facial Pain. Cranio. 1990; 8(1):60-77.

Taylor M, Suvinent T, Reade P. The effect of grade IV distraction mobilization on patients with temporomandibular pain-dysfuncion disorder. Physiother Theory Pract. 1994; 10(3):129-36.

Teixeira LMS, Reher P, Reher VGS. Anatomia aplicada à odontologia. 2. ed. Rio de Janeiro: Guanabara Koogan; 2008.

Thorén H, Hallikainen D, Iizuka T, Lindqvist C. Condylar process fractures in children: a follow-up study of fractures with total dislocation of the condyle from the glenoid fossa. J Oral Maxillofac Surg. 2001; 59(7):768-73.

Tixa S. Atlas de anatomia palpatória: do pescoço, do tronco e do membro superior. 2. ed. São Paulo: Manole; 2009.

Upledger JE. Research supports the existence of a craniosacral system. Palm Beach Gardens: Upledger Institute; 1995.

Upledger JE, Vredevoogd J. Craniosacral therapy. Seattle: Eastland Press; 1983.

Walewski LA, Tolentino ES, Takeshita WM, Silva MC. Análise do perfil facial esquelético e de tecidos moles pré e pós-cirurgia ortognática em pacientes Classe II e III, e sua relação com a proporção áurea. Rev Odontol Unesp. 2017; 46(5):292-8. Disponível em: http://www.scielo.br/scielo.php?script=sci_arttext&pid=S1807-25772017000500292&lng=pt&nrm=iso. Acesso em: 23 de janeiro de 2018.

Walker JM. Pathomechanics and classification of cartilage lesions, facilitation of repair. J Orthop Sports Phys Ther. 1998; 28(4):216-31.

Woods J, Woods RH. A physical finding related to psychiatric disorders. J Am Osteopath Assoc. 1961; 60:988-93.

Zonnenberg AJ, Van Maanen CJ, Oostendorp RA, Elvers JWH. Body posture photographs as a diagnostic aid for musculoskeletal disorders related to temporomandibular disorders (TMD). Cranio. 1996; 14(3):225-32.

Índice

A

Abaixadores de língua ao tratamento, 115
Abóboda cranial, 123
Aderências miofasciais, 136
Alongamento, 75
- dos músculos cervicais anteriores com protrusão mandibular associada, 99
Alterações articulares, 38
Anamnese, 44
Anatomia
- craniana, 123
- funcional da coluna cervical, 17
Ancilose, 39
Anidrose, 26
Articulação temporomandibular, 5
- biomecânica, 11
- disfunções, 31
- - epidemiologia, 34
- - etiologia, 32
- - fisiopatologia, 34
- - sintomatologia, 34
- distúrbios inflamatórios, 38
- doenças degenerativas que acometem, 38
- relação do controle motor com a, 42
- respiração *versus*, 41
- traumatismos na, 33
Atlas-áxis, 18
Aumento da abertura bucal, 63
Avaliação
- cinemática cervical, 55
- da postura da cervical, 56
- dos ruídos articulares, 48
- específica da cervical, 55
- funcional da articulação temporomandibular, 45
- ocular, 60
- por meio de palpação do processo transverso na inclinação, 58

B

Bandagem funcional complementar no tratamento das DTMs, 100
Base do crânio, 123

C

Cápsula articular, 3
Cefaleias cervicais, 27
Cirurgias ortognáticas, 130
- atendimento fisioterapêutico no pós-operatório das, 131
Contratura(s), 41
- musculares, 40
Crânio
- de perfil, 2
- facial, 124

D

Dados pessoais, 44
Desativação de pontos gatilhos, 74
Deslocamento
- de disco
- - com redução, 37
- - sem redução, 37
- do complexo
- - condilodiscal, 39
- - disco-cabeça da mandíbula, 113
Disco articular, 3
Disfunções da articulação temporomandibular, 31
- de origem articular, 35
- epidemiologia, 34
- etiologia, 32
- fisiopatologia, 34
- sintomatologia, 34

- tipos de, 35
Distúrbios musculares, 40
Dor
- de origem muscular, 40
- miofascial, 40
Drenagem linfática, 132

E

Enoftalmia, 26
Equilíbrio postural do crânio e da mandíbula, 19
Exame
- de mobilidade do hioide, 55
- físico, 44
Exercícios
- para expressão facial, 135
- terapêuticos auxiliares com hiperboloide, 116
Extensão cervical, 63

F

Face, inervação e vascularização da, 7
Fase de abertura oral, 144
Fibromialgia, 40, 41
Fibroses, 136
Fototerapia, 135

H

História patológica pregressa, 44

I

Inclinação da cervical para o lado direito, 63
Inspeção, 44, 55
Isometria
- para abertura, 85
- para fechamento, 85
- para lateralidade, 85

L

Lábios superiores e inferiores, 88
Ligamento(s)
- acessórios, 5
- colaterais, 5
- esfenomandibular, 5
- estilomandibular, 5
- posteriores, 4
- temporomandibular, 4, 5

M

Má postura, 23
- cervical e global, 22
Macrotraumatismos, 33
Mandíbula durante o movimento respiratório primário, 124
Mapa
- de dor cervical, 27
- de palpação muscular, 49
Masseter, 6
Mecânica craniana *versus* alterações da articulação temporomandibular, 125
Microtraumatismos, 33
Mioespasmo, 40
Miose, 26
Miosite, 40
Mobilização (distração)
- caudal, 108
- inferior, 108
- - com projeção anterior, 110
- lateral, 109
- longitudinal, 108
- medial, 109
Mobilização do osso hioide e liberação miofascial de seus músculos, 100
Movimento(s)
- ativos de flexão e extensão, 57
- respiratório primário, 122, 123
Músculo(s)
- auxiliares do sistema mastigatório, 10
- bucinador, 89
- cervicais, 10, 16
- da mastigação, 6
- elevador da escápula, 16
- escaleno, 16, 93
- esplênio da cabeça, 16
- esternocleidomastóideo, 93, 16
- infra-hióideos, 10
- levantador da escápula, 93
- longo de pescoço e cabeça, 16, 93
- masseter, 8
- pterigóideo
- - lateral, 9
- - medial, 9
- suboccipitais, 93

- supra-hióideos, 10
- supra e infra-hióideos, 16
- temporal, 6, 8
- trapézio superior, 16, 93
- trígono occipital, 17

N

Nervo trigêmeo, 7
Neuroestimulação elétrica transcutânea (TENS) no masseter, 79

O

Oclusão, 24
Osteoartrite, 38
Osteologia, 2
Osteopatia, 121
Ostreoartrose, 38

P

Palpação
- articular e muscular, 48
- cervical, 57
- da zona pterigóidea, 50
- do digástrico
- - anterior, 54
- - posterior, 53
- do elevador da escápula, 52
- do esternocleidoccipitomastóideo, 52
- do osso hioide, 56
- do pterigóideo medial, 51
- do trapézio superior, 52
- dos escalenos, 53
- dos hióideos, 51
- dos paravertebrais, 53
- dos suboccipitais, 54
- dos temporais, 51
- extraoral do masseter superficial, 50
- intraoral
- - do masseter, 50
- - do tendão do temporal sob o processo coronoide, 55
- no longo do pescoço, 54
Poliartrite, 38
Pompage, 73
Posição dos polegares no processo espinhoso, 65

Postura *versus* oclusão, 23
Pressão isquêmica, 73
Princípio
- da antítese, 120
- das ações diretas do sistema nervoso, 120
- dos hábitos associados úteis, 120
Ptose, 26

Q

Queixa principal, 44
Questionário-padrão, 44

R

Relação do controle motor com a ATM, 42
Respiração *versus* ATM, 41
Retrodiscite, 114
Rotação vertebral ativa, 57
Ruídos articulares, 48

S

Síndrome(s)
- do chicote cervical, 33
- cervicais altas, 26
Sinovites, 113
Superfícies articulares, 3

T

Tecidos retrodiscais, 4
Técnica
- cervical global de quiropraxia, como auxiliar no tratamento das disfunções cervicocraniomandibulares, 70
- de alongamento
- - da porção superficial do masseter, 78
- - do bucinador (intraoral), 89
- - do lábio inferior, 89
- - do lábio superior, 88
- - intraoral de porção profunda do masseter, 77
- de aplicação do *laser* no pterigóideo medial, 84
- de cinesioterapia
- - auxiliar para melhora da rotação anterior de crânio e da postura da cintura escapular, 66
- - para correção postural e estabilização cervical, 67
- de compressão e descompressão, 91

- de contrair-relaxar (isometria)
- - para a retrusão, 79
- - com resistência no mento, 84
- - de elevação de mandíbula contra a resistência, 76
- - e inibição recíproca, 73
- - no temporal com elevação de mandíbula contra a resistência, 82
- - para relaxamento do pterigóideo lateral, 85
- - para retrusão da mandíbula, 77
- de deslizamento
- - miofascial intraoral em toda a extensão de masseter, 78
- - posteroanterior, 64
- de inibição
- - de ponto gatilho
- - - intraoral, 83
- - - na porção profunda do masseter, 76
- - - na porção superficial do masseter, 75
- - - na região anterior do temporal, 81
- - - na região das fibras posteriores do temporal, 80
- - - nas fibras médias do temporal, 80
- - - no digástrico anterior, 87
- - - no digástrico posterior, 87
- - - no trapézio superior, 97
- - - para o músculo longo do pescoço, 98
- - de pressão isquêmica no pterigóideo medial externamente, 83
- - recíproca
- - - com leve resistência para a abertura da boca, 82
- - - para relaxamento da musculatura masseterina, 76
- de liberação
- - do couro cabeludo na região temporal, 81
- - miofascial do temporal anterior com manobra intraoral, 81
- de massagem no músculo bucinador, 90
- de massoterapia intraoral no pterigóideo lateral, 85
- de mobilização
- - em lateroflexão, 68
- - para ganho de mobilidade cervical alta e baixa, 62
- - para rotação vertebral em decúbito dorsal, 66
- - para rotação vertebral em decúbito ventral, 64
- de *pompage*
- - de ECM, 95
- - de occipital, 94
- - do elevador de escápula, 97
- - do escaleno, 98
- - global, 93

- - no digástrico
- - - anterior, 86
- - - posterior, 86
- - no trapézio superior, 95
- de relaxamento
- - global dos músculos faciais, 90
- - suboccipital, 94
- de termoterapia auxiliar no tratamento das lesões no masseter e demais músculos mastigatórios, 78
- de tratamento para alterações inflamatórias, 113
- dos traços miofasciais, 90
- manuais articulares na ATM, 108
- para deslocamento anterior de disco, 111
- para melhora da mobilidade da cervical alta (c0-c1), 69
- para tratamento dos desgastes ou alterações das superfícies articulares, 112
Traço miofascial em trapézio
- fibras médias e inferiores, 96
- fibras superiores, 96
Tratamento(s)
- craniossacral, 121
- de pacientes com hipermobilidade, 116
- do complexo craniovertebral por meio da terapia manual, 62
- do músculo
- - digástrico, 86
- - pterigóideo
- - - lateral, 84
- - - medial, 82
- - temporal, 79
- miofascial de músculos
- - faciais, 88
- - cervicais e da cintura escapular, 93
- - da mastigação, 75
- odontológicos ou faciais, 44
Traumatismos na ATM, 33
Travamento aberto, 39

V

Vascularização e inervação, 5
Vias de comunicação, 124

Z

Zona bilaminar, 4, 5